大家精要
典藏版丛书

简读刘基

周　群
俞美玉　著

陕西师范大学出版总社　西安

图书代号　SK24N1874

图书在版编目(CIP)数据

简读刘基 / 周群，俞美玉著 . — 西安：陕西师范大学出版总社有限公司，2025.3
（大家精要：典藏版 / 郭齐勇，周晓亮主编）
ISBN 978-7-5695-4263-9

Ⅰ . ①简…　Ⅱ . ①周…　②俞…　Ⅲ . ①刘基（1311-1375）—人物研究　Ⅳ . ① K827=48

中国国家版本馆 CIP 数据核字（2024）第 027885 号

简读刘基
JIAN DU LIU JI
周　群　俞美玉　著

出 版 人　刘东风
策划编辑　刘　定　陈柳冬雪
责任编辑　高　歌
责任校对　陈柳冬雪
封面设计　龚心宇　张潇伊
出版发行　陕西师范大学出版总社
（西安市长安南路 199 号　邮编 710062）
网　　址　http://www.snupg.com
印　　刷　深圳市福圣印刷有限公司
开　　本　889 mm × 1194 mm　1/32
印　　张　5.75
插　　页　4
字　　数　103 千
版　　次　2025 年 3 月第 1 版
印　　次　2025 年 3 月第 1 次印刷
书　　号　ISBN 978-7-5695-4263-9
定　　价　49.00 元

目录

第 1 章

刘基的生平

明太祖朱元璋之所以能够在元末干戈抢攘、群雄逐鹿之时脱颖而出，完成一统天下的大业，这与其能够举贤任能、广邀天下才俊以成大业有关。

朱元璋攻城略地之后，首先便急于访隐招贤：初取滁州，将儒士范常留置幕下，有疑辄问；渡江攻占太平之后，延揽了当地名儒陶安参赞军机；攻下徽州，采纳了耆儒朱升“高筑墙、广积粮、缓称王”的建议；克集庆，即征辟夏煜、杨宪等十余人于军中。他们都曾为朱元璋的帝王之业赞画献策。而浙东更是文风荟蔚，自古人才骈骈，当其克处州之后，朱元璋得知浙东四先生“皆国士”之时，便派遣总制官孙炎礼聘至金陵，得到了这些著名才士的襄助，从而成就了帝王之业。在这批文士之中，刘基成就的勋业最为卓著，对于完成元明鼎革之变，使社会迅速实现由乱离到治平的转变，作出了重要的贡献。

家世与少年力学

荣耀家世

刘基文章勋业卓绝一世，这与他的远祖勋烈卓著、近世文墨书香的家世有关。

刘基远祖世居保安军（治所在今陕西省志丹县），此地汉族、党项族交汇杂处，当时北宋政权与拓跋氏关系颇为复杂。

刘基远祖为将门世家。目前可以考知的刘基远祖始于第十一世祖刘怀忠。这是一位为维护祖国统一而光荣殉国的英烈。1038 年，党项族首领元昊自称大夏皇帝，次年正月，上表大宋朝廷，要求批准。当时刘怀忠任军北番官巡检一职，亲历了这一重大事件。此前怀忠对元昊称帝一事就有所觉察，并保持了高度警惕。元昊叛宋称帝伊始，就以重金和爵位收买刘怀忠，但怀忠断然将元昊派来的使者问斩，表示了坚不附从的决心。当西夏军进攻中原时，刘怀忠和其妻黄赏怡共抗西夏。据史书记载，当刘怀忠与西夏军战斗正酣之时，刘怀忠之妻黄赏怡率兵增援，俘获西夏军队甚多。黄赏怡也因此被封为永宁县君。刘怀忠最后则抗击西夏而“力战以死”。他忠勇为国的精神对后世刘氏家风产生了巨大的影响。

怀忠子刘绍能，其名也是因怀忠夫妇卓荦的军功而受到宋朝皇帝亲赐而得。刘绍能子承父业，任右班殿直，为军北巡检。绍能在抗击西夏军的战斗中屡建军功，先在顺宁击破西夏右枢密院党移赏粮率领的数万之众。当西夏军队围攻大顺城之时，绍能为前锋，率军冲毁敌军的栅栏，冲出重围。其后又在长城岭击破西夏军。熙宁年间，当三十万西夏军大举攻宋之时，在破罗川大败西夏军。累迁洛苑使、英州刺史、鄜延路兵马都监。元丰年间，宋军讨西夏，宋神宗专门听取绍能的用兵之计。刘氏世代为边将，绍能忠勇多谋，更为西夏所忌，因此，常常想方设法散布谣言，试图用离间计使朝廷对绍能失去信任。但是，宋神宗对绍能深信不疑，手诏说：“绍能战功最多，忠勇第一，此必夏人畏忌，为间害之计耳。”绍能守边达四十七年之久，经历战斗五十次，深得皇帝的眷宠，卒于皇城使、兰州团练使任上。

刘基远祖不但以忠勇闻名，还颇富军事韬略。十世祖刘绍能因年迈体弱，不能居鞍赴阵，宋神宗在发兵西夏之前，还专门向其征询征伐之计。九世祖永年，虽然不像其祖、父、子、孙那样显耀于当时，但也是一位有勇有谋的将领。刘基远祖的武功韬略，尊荣显贵的门荫，对刘基清高特立的性情，熟谙兵法、多谋善断的才秉的形成不无影响。

刘基远祖中最为位尊爵显的是八世祖刘延庆和七世祖刘光世。刘延庆曾官至相州观察使、龙神卫都指挥使、鄜延路总管，迁泰宁军节度观察留后，改承先使，后又拜保信军节度使、马军副都指挥使等。曾随童贯北伐，以宣抚都统制督兵十万。靖康之难时，延庆在戍守开封城时阵亡。

七世祖刘光世更是南宋时期与张俊、韩世忠、岳飞并称的“中兴四将”之一，当时“自王公大人士，下至牛童马走，妾妇稗官之口，无不称道其武勇忠义”。宋徽宗时奉命镇压河南叛军张迪，因功授承宣使，任鄜延路马步军副总管。靖康初率部戍边，败西夏军于杏子堡；金兵大举南侵，与韩世忠等共守江南，屡立战功，升司检校太保、殿前都指挥使，封荣国公。绍兴年间，为三京招抚处置使，率部抗金。后引疾罢去兵权，拜少师。后因病去世，赠封太师，谥武僖，追封鄜王。

刘基先祖偃武修文的变化开始于六世祖刘尧仁。尧仁因祖、父辈荫功，曾任尚书兵部员外郎，秘阁修撰，知池州屯田员外郎。刘基曾祖刘濠则官至翰林尚书。祖父庭槐为元太学上舍，刘氏族谱载其究及天文、地理、阴阳、医、卜诸书。父亲刘爚通经术，为元代遂昌教谕。至刘基出生时，刘家已成书香之家了。刘家至尧仁时始迁居于浙江丽水竹洲（今浙江省丽水县太平乡），其长子刘集再次卜地迁居，据刘耀东《南田山志》卷二载："尧仁子集欲卜迁，祷于丽阳山神，梦见执羊头而舞者，旋游南田山，上岭至一处，问地名，或告曰：'武阳'，恍然悟梦所示舞羊，遂自竹洲徙居此。"从此，刘氏世代居住于江浙行省处州府青田县南田武阳村（今浙江省文成县南田镇岳梅乡武阳村）。

刘家乐善好施，惠爱乡里，当时民众交口称赞。史载，刘基曾祖刘濠每在大雪封山的隆冬季节或连日阴雨之时，便登高四望，看到谁家生不起火或断了炊烟，便命家人急送粮钱救济。尤其是刘濠在宋元之际还冒死挽救了数万人的生命。当宋亡之后，提刑林融因感愤宋朝覆亡，蒙古人入主中原，遂秘密回青田聚义兵，以图复兴宋室，最后被元兵消灭。元朝派人收集胁从林融的名单，当时乡里的土豪将与其有仇怨的人都报给来使，其中包括很多善良无辜者，多达万余人。当使者返回和途经武阳时正逢大雪，使者买酒御寒，卖酒的人得知情况后随即告诉刘濠，刘濠就悄然去见使者，将使者灌得酩酊大醉，当其睡熟后，找出簿牍，抄录了魁首二百人后，放火烧了使者睡觉的房子，使者匆匆逃出来后，原簿牍已被大火烧毁。刘濠将其所录的二百人名单交给使者，最后仅此二百人被杀。刘濠的义举救了不下万人。

刘基近世祖先尚学修文、乐施重义的家风，对刘基性格的形成具有更为直接的影响。

少年力学

刘基，字伯温，元武宗至大四年（1311）生于南田武阳村。他们兄弟三人，长兄刘舒，字伯洋，生卒年已不可考；弟刘陛，字伯演，后成为明陕西镇抚。祖、父辈的饱学，加之父亲以教育为业，家中也有较丰富的家藏典籍，这为刘基提供了饱览群书的机会，这一切对其少年时期的成长提供了良好的条件。

刘基少时即勤奋好学，在幼年受庭训以及私塾阶段的启蒙学习时期，就逐渐打下了良好的基础。泰定元年（1324），刘基到处州府治括城（今浙江丽水附近）的郡庠读书，其间主要是修习科举之业，研读《春秋》等儒家经典。刘基读书修学带有浓厚的期经世、重事功的色彩，这也与他家居浙东，深受永嘉、永康之学的影响是完全一致的。在括城读书期间，刘基不仅仅为了满足举业之需，而且广览博识，不忘阅读天文、兵法著作。这样的修习、读书价值取向贯及他的一生，也为他后来成为一位有识有为，事功、勋业、学术、艺文兼擅的杰出人物打下了重要的思想基础。

这是刘基第一次从清幽而荒僻的南田故里走出，眼界为之一阔。在括城读书期间尤为重要的经历是受到了郑复初与吴梅涧的影响。

郑复初是一位政绩颇显，且精通伊洛之学、望重当世的硕学之士，被称为“四经师”。据黄伯生《行状》记载，刘基从郑复初讲性理之学，闻濂、洛之学而得其旨归。据文献记载，郑复初是一位笃学力行之士，高风逸韵，赋诗论学，名动一时，曾由进士为德兴县丞，为处州录事，“勇于行义，不畏强御，不顾利害”，最后为豪右所害。刘基聪慧的才秉、勤奋的态度受到了郑复初的高度赞扬，他曾对刘基的父亲说：“你这儿子必然会光耀你家的门庭。”刘基从郑复初论学，打下了良好的性理之学的基础。

在括城学习期间，刘基还与坐落在好溪之畔、少微山麓的紫虚观道士吴梅涧结成了忘年之交。吴梅涧被称为教门高士，天师正一真人授其号为崇德清修凝妙法师，主领紫虚观事达五十年之久。刘基在搏击科场、紧张课读之余，常到紫虚观与吴梅涧过从游览，一起登高畅叙，此间作有《题紫虚道士晚翠楼》：

晚翠楼子好溪南，溪水四围开蔚蓝。微阴草色尽平地，落日木杪生浮岚。岩畔竹柏密先暝，池中芰荷香欲酣。闻说仙人徐泰定，骑鸾到此每停骖。

刘基沉醉于晚翠楼风景的背后，是受吴梅涧以及郁郁道风的沐染。其后不久，他又到石门书院修习举业达数年之久。石门书院位于青田县西七十里的石门山麓，是道教的三十六洞天之一。佛道相比，刘基明显有扬道抑佛的倾向，这除了他身处南田福地之外，在括城读书期间与吴梅涧的方外之契，以及置身于石门洞天，这一切，对刘基这一思想倾向的形成都产生了重要影响。

仕 元 经 历

科举得官

至顺三年（1332），刘基赴杭州参加江浙行省乡试，得中举人，名列十四。次年，又赴大都会试。会试时所作的《龙虎台赋》现仍收在《诚意伯文集》（以下简称《文集》）之中，刘基虽“未获睹斯台之壮观”，但还是写下了神采飞扬的赋颂。而在《至顺癸酉会试春秋义》中，作者直陈道：“春秋时，中国之安于陋者，嘉其慕义而罪其猾夏。”对外夷猾夏的历史太息不已。读经明志，显示了作者强烈的入世情怀。不久，会试揭榜，刘基中第二十六名进士，汉人、南人第三甲第二十名。在科场的搏击之中，刘基几乎没有受到困厄，这得益于他的才秉、勤勉，也得益于他受到业师、家庭的良好教育。

这次赴京会试，刘基与同年进士一起赋诗论学，多已成为“高谊薄九霄”的情谊深笃的知己。其后，经过数年的注官守阙，等待铨选之后，至元二年（1336），刘基赴江西任高安县丞。初登仕途，虽然品秩还比较低，县丞之上还有县尹、达鲁花赤（官名）等，但是，他十分珍视这一施展自己才华、实现济世拯民政治抱负的机会。刘基入仕之时，元王朝的各种社会矛盾已经激化，元明鼎革的序幕已经拉开，在这复杂的艰危之时，他自然能感受到实现抱负将会遇到的困难与曲折。当刘基于金秋时节从家乡青田到江西赴任时，沿途即景抒怀，所作颇多，从其沉郁的诗行中，似乎可感受到诗人对前途的种种预感：

发安仁驿

鸡鸣发山驿，天黑路弥险。烟树出狖声，风枝落萤点。江秋气转炎，嶂湿云难敛。伫立山雨来，客愁纷冉冉。

诗中描写的不是金秋的喜悦，而是天黑路险、猿声啼鸣、嶂湿云重的情景，是一幅秋雨霏霏、客愁纷纷的画面。当然，刘基并不会为现实贪浊的环境、复杂的政治所阻吓，他要在仕进的过程中砥砺名节，迎接挑战："狭径非我由，周行直如发。""何当扬湛冽，尽洗贪浊肠。"不难看出，赴任之时，刘基已作好了充分的思想准备，并显示了为官清廉、不畏艰难的决心。到任伊始，他作《官箴》以自励："治民奚先，字之以慈。有顽弗迪，警之以威。振惰奖勤，拯艰怠疲。疾病颠连，我扶我持。"

刘基上任后，秉公执法，发奸擿伏，不避强御，深受百姓称颂，但这势必会触忤不法豪强的利益，从而引起他们的反抗。当时，新昌州发生了一起人命案，凶手以金钱贿赂初审官，最后判为误杀而结案。原告不服上诉，知府便派以执法公正著称的刘基前往复审，刘基深知此去必定会触忤复杂的社会关系网络，得罪地方豪右，但是，事关人命，刘基慨然前去复审。他据实核准，凶手依法偿命，初审官也因受贿枉法而罢官。但是，凶手家人及初审官并不善罢甘休，而是依仗蒙古达鲁花赤之势，图谋陷害刘基。当时的江西行省大臣对刘基十分了解，于是将其调任江西行省职官掾史，但不久即因与幕官论事不合而投劾而去。

刘基初入仕途，虽然对官场的昏暗、政治的复杂、豪右的猖獗已经有心理准备，但毕竟是初历宦海，以至"宁知乖圆方，举足辄伤趾"。现实的残酷还是让刘基受到了一次不小的打击，留下了理想难遂、除恶未尽的遗憾。他在其后的诗赋中回忆并感慨地说："我昔筮仕筠阳初，官事窘束情事疏。风尘奔走仅五稔，满怀荆棘无人锄。"心中之郁闷愁苦，诚如《梁甫吟送郑希道入京》中所云："今日驱车上梁甫，回头却忆平原路，梁甫吟，愁我心。"于是开始了一次弃官归里、隐居力学、壮游山水的经历。

力学壮游

在归里前后，刘基游览了武夷山。乍离现实政治的刘基，心态颇为复杂，既有摆脱政务羁绊的轻松，又有理想未遂的苦闷与惆怅。但是，刘基并未被初历的人生挫折所击倒，此次弃官出游，仅仅是再仕的准备与调整过程而已。因此，刘基踏寻着先贤的足迹，追慕着先儒的遗风：在武夷山，缅怀紫阳子的学问风采；于鹅湖上，怀想象山论道的情形。但是，故人已逝，仅留下木然金缘，袅袅香雾，寂寞空林。真正探寻学术的内蕴，还得仔细研读经典与前贤论著，因此，刘基隐居南田，开始了为期三年之久的青灯伴读、力学求道的生活。据《行状》记载："隐居力学，至是而道亦明。"为其后风云激荡的人生打下了坚实的基础。

居家力学期间，刘基还有过一次北上远游的经历。大致经龙游（今浙江龙游）、衢州（今浙江衢州）、兰溪（今浙江兰溪）、桐庐（今浙江桐庐）、海宁（今浙江海宁）、苏州

（今江苏苏州）、金陵（今江苏南京），后又渡江北上。此次远游刘基心态已比较轻松自适，常常即景赋诗，即景遣怀。但是，当他经过苏州、金陵之时，感喟渐多，时有思古伤怀的感慨。当他渡江北上之时，再也看不到优游江南时的繁花绿柳。由于至正六年（1346）黄河决堤，济南一带顿成泽国，百姓庐舍冲毁，饿殍载道，白骨遍野。刘基怀着悲怆的心情沿途沉痛吟诵，尤其是长达五百余言的《北上感怀》，描绘了一幅幅凄惨的图景："呜呼草莽露，惨恻沟渎委。闻之犹鼻酸，见者宜颡泚。逾淮入大河，凄凉更难视。黄沙渺茫茫，白骨积荒藁。哀哉耕食场，尽作狐兔垒。……去年人食人，不识弟与姊。至今盗贼辈，啸聚如蜂蚁。"北上所见的触目惊心的图景再次触发了刘基匡世济穷之心，他感叹道："痛哭贾生狂，长叹漆室里。何当天门开，清问逮下俚。"借书写贾谊与司马迁的遭际，表达了再次出仕的意愿。

屡经浮沉

至正八年（1348），刘基又回到杭州。时任江浙行省参知政事的苏天爵与刘基声气相求。苏天爵，字伯修，学博而知要，曾著有《国朝名臣事略》十五卷，文类七十卷，诗稿七卷，文稿三十卷。天爵为文长于序事，平易温厚，成一家之言，而诗尤其得古法。史载当时"中原前辈凋谢殆尽，天爵独身任一代文献之奇”。苏天爵对刘基的品节才华十分赞赏，经他的推荐，刘基任江浙行省儒学副提举、行省考试官。从事教育铨选的职务，为国家选拔人才，这当然是刘基乐以为之的职务。但是，这一时期，元末农民大起义的烽火已经燃起。刘基所在的江浙，台州方国珍聚众数千起兵海上，元王朝已近倾覆之时。朝廷和地方的贪官污吏则趁机中饱私囊，贪渎成风。对于北方社会乱离的情形已有深切感触的刘基目睹了宦海的这一情况，自然义愤难忍。上任不久，行省监察御史渎职。虽然这与儒学副提举一职了无关涉，并且监察御史的品秩比刘基的还高，但是，说直耿介的刘基对祸国殃民、无所事事的官吏已忍无可忍，于是便向省宪台举报，但官场已沆瀣一气，贪渎早已习以为常。结果宪台不但不追究渎职的责任，反而斥责刘基的耿介之举。刘基因此愤而辞去了颇为倾心的儒学副提举一职。

这次辞职不像第一次那样痛切与失望，因为他已了解了官场的腐败、社会的黑暗，已知道穷个人之力并不能改变这一弊习。辞官之后，刘基闲居杭州达四年之久，其间结交了诸多友朋。如与荐绅之士陶凯（字中立，临海人）、刘子青（字显仁，四明人）、贾执中（字希贤，海宁人）等结成知己。同时，他还与主管江浙财赋的月忽难颇为相得。月忽难与刘基一样，也是一位耿介之士，他们性情相似，志趣相投。月忽难在做临江经历时，关心民众疾苦，打击邪恶之徒，伸张民愿，为政果断，深受民众爱戴。刘基曾作有《送月忽难明德江浙总管谢病去官序》等，体现了他们交谊兰臭的情形。

除此，刘基这段时期还与柯上人、竹川上人、照玄上人等往来频繁，结成了方外之契。但是，刘基不是与他们谈禅论佛，而主要是谈诗论文。事实上，这些方外友朋并不是佛门的高僧大德，而是一批诗僧。如刘基在祥符戒坛寺认识了竹川上人，“见其为歌诗，清越有理致，遂相与往来”。可见竹川上人是一位善于吟诗作赋、深通音律的僧人。据记载，竹川上人是杭州祥符戒坛寺僧，曾著有《竹川上人集韵》一书。而照玄上人“之为诗雄俊峭拔，近世之以能诗名者，莫之先也”。从竹川上人、照玄上人的诗风可以看出，或“清越有理致”，或“雄俊峭拔”，这样的诗歌风格正是刘基所推尚的。应该说，与诗僧的交往对他诗歌风格的最终形成也起到了一定的作用，他诗歌清俊峭拔的风格越发成熟。同时，刘基与这些不见载于僧传的诗僧往还，还在于他们的作品“忧世感时之情，则每见于言外”。借诗文以明志，以求有裨于世教，这是他们共同的诗学理想。

在刘基寓居杭州之时，韩山童、刘福通领导的红巾军大起义已经爆发，此前方国珍已据有东南沿海，元王朝的处境更加殆危。刘基虽然仕途屡遭挫折，但他与一般士大夫一样，总是将治国安民的希望寄托于朝廷之上，也主张通过剿灭起义军以恢复社会安宁。如他有诗云："王师古无战，枭獭安足烹。人言从军恶，我言从军好。用兵非圣意，伐罪乃天讨。……牧羊必除狼，种谷当去草。凯歌奏大廷，天子长寿考。"（《从军诗五首送高则诚南征》）刘基诗中所言，主要是针对方国珍而发。至正十二年（1352），正当方国珍掳掠沿海郡县，朝廷无法应对之时，江浙行省又起用刘基为浙东元帅府都事。刘基接檄即赴浙东，参与对方国珍的兵戎之事，并且与元帅纳邻哈剌计划筑庆元等城，使方国珍的侵扰受到了一些扼制。这期间刘基先南下永嘉，至正十三年（1353）初，又北上杭州。这时的杭州城曾被徐寿辉率领的红巾军攻入，其后又被元军收复。昔日繁华的杭城，经过数次兵火已是市人荷戈，客尽戎装，满城一片兵荒马乱的景象，刘基看到这些情景悲从中来，写下了《悲杭城》等多部格调凄凉的诗篇。

羁管生涯

至正十三年三月，朝廷以江浙行省左丞帖里帖木耳招抚方国珍，刘基也改任江浙行省都事。由于与朝廷在对待方国珍问题上存在分歧，刘基在仕元之途上遭受了最为沉重的打击。朝廷对方国珍时抚时剿，至正十二年三月，方国珍诱杀了台州路达鲁花赤泰不华，重新入海反元之后，朝廷主张剿灭方氏，刘基则历来认为方国珍为首乱，不诛杀无法惩戒后人，而对方氏余党胁从者则宜招安。当时的行省左丞帖里帖木耳也力主剿捕，两人不谋而合，于是刘基起草了议剿奏书，由帖里帖木耳派其兄径送朝廷。但由于方国珍以重金贿赂朝中权要，朝廷同意招安，并授予方国珍徽州路治中，而主张剿捕方国珍的帖里帖木耳和刘基则被朝廷斥责为“擅作威福，伤朝廷好生之仁”，罢免了帖氏行省左丞一职，刘基则被羁管于绍兴。这一忠而见弃的沉痛打击使刘基几无生望，发愤恸哭，呕血数升，乃至欲自杀，仅因门人以孝道温言相劝才打消了轻生的念头。

至正十四年（1354），刘基带着全家由台州到绍兴，居住在绍兴城南宝林寺附近王原实家的南园。绍兴与南田相比，气候卑湿，寒暑分明，家人病患不断。遭此羁管之累，刘基的心情无疑是痛苦惆怅的，每每在寂寥的居所悼往悲来，涕泗涟涟。所幸的是，地方官吏出于对他的敬重，并未行羁管之实，他还可以放浪山水之间。这一时期，刘基将附近的名胜游赏殆遍。同时，由于绍兴的主政者有方，社会安宁，士大夫多避地于此，刘基可以与诸多友人相过从，他们常常结伴同游，赋诗酬唱，乃至他几乎忘却了自己的羁管之身。尤其是与当时著名的文人王冕的交谊更使刘基快意非常。王冕，字元章，诗画俱佳，尤以画梅著称，自号梅花屋主。刘基曾为王冕的梅花图题诗两首，寄寓了作者的人格理想，并遍览了王冕的全部诗作，其中，对王冕的讪上之作尤其激赏。可见，虽遭羁管，刘基并没有泯灭忠君爱民之心，对国事民瘼仍然十分关注。

在绍兴，他驻足于兰亭之下，作《题王右军兰亭帖》，借古抒怀，发抱负难遂的感慨，徜徉于沈园之中，又为陆放翁壮怀激烈的诗篇所感染，发出了“男儿抱志气，宁肯甘衰朽”的感慨。羁管之累，无碍于勃发的雄心。刘基一家得到了不少友朋的帮助，他们为刘基纾解苦闷，“况有良友朋，时来慰岑寂。全家免寒饿，几欲忘旅客”。羁管时期并没有带给刘基太多的痛苦，而仅仅是刘基人生道路中的一个驿站而已，刘基在诗中曾有这样的舒叹：“避地适他乡，息肩谢羁束。”刘基在这三年“息肩”的生涯中，创作了数量甚多的清新自然的诗文佳作。政治上的失意，反而给刘基的诗文创作提供了难得的心境、物境，形成了仕途得意之时无法企及的创作高峰。

当刘基被羁管期间，方国珍疑惧逡巡，并未接受朝廷之召赴任，而是继续在海上阻绝粮运，据有温、台、庆元三郡。朝廷虽发兵征讨，但都被方氏所破。随着朝廷对方国珍剿抚政策的改变，刘基等人的晋黜命运也发生了变化。至正十六年（1356），刘基再被起用为行省都事。次年，又改任枢密院经历，与行省院判石末宜孙同守处州。这时，处州的青田、丽水、松阳、遂昌、缙云等地都爆发了农民起义，元军对红巾军与方国珍已难以应付，对这些蜂起的起义军更是无暇顾及，而是通过官员自募军队进行剿除。这次被起用，刘基在招安吴成七的过程中，省宪就允准其可以自募义兵，捕杀拒招不从的起义军，从此刘基建立起一支由自己掌握的地方武装。

在台州、处州任职期间，刘基与行省院判石末宜孙交谊十分深笃。石末宜孙虽为蒙古人，但精通汉学，长于诗歌，治政有方，深受百姓爱戴。百姓有言："往微公，吾属已为墟；今微公，吾属已为范。生我者天，而活我者公。"刘基认为石末宜孙是当时的一位文能与缙绅为文墨游，武能智勇立发、动不失机的将领，是一位卓荦不群的人才。刘基与石末宜孙的政治观念相仿佛，又都雅好诗歌，声气相求。同时，在处州期间，石末宜孙又任用当地的胡深、叶琛、章溢等人为参谋。一时之间，东南俊彦大多荟萃于处州，他们揽事触物以诗歌唱和赠答，文风郁茂。两年之后，总成一集，名为《唱和集》，汇辑了他们相与酬唱的诗歌三百余首，其中刘基与石末宜孙之间的唱和之作就多达九十七首，这些诗歌表达了他们伤时忧国、忠君爱民的情愫。

这一时期，刘基对元王朝的认识更加清晰，对起义的认识也更加深刻，他在《感时述事》十首诗中认为，官员们只知道“腹剥图身肥”，猛如虎的苛政迫使百姓铤而走险，说“滥官舞国法，致乱有其因”，“盗贼有根源，厥咎由官府”。这样的认识已经触及了封建政权的本质，这在封建官员中是十分难得的。由此，刘基对元王朝的忠蓉也发生了动摇。

任职处州，虽然与同道之间志趣相投，且有唱和赠答之欢，但是，黑暗的官场还是给刘基带来了新的苦痛。至正十八年（1358）年底，经略史李国风巡抚江南时，将守臣的功绩上奏朝廷，因为刘基为剿灭起义军驰驱效力，李国凤奏请朝廷升刘基为行省郎中，但朝廷以及行省中得到方国珍贿赂的官员都偏佑方国珍，于是对主张剿灭方氏的刘基的军功置而不录，仍然以儒学副提举的资格授其为处州路总管府判，且不与兵事。由于刘基已对元王朝有了更深刻的认识，他的思想发生了根本的变化。再一次忠而见弃的刘基对元王朝彻底失望了，于是愤然弃官而去，回归故里。与此前的挂冠而去不同，这是刘基对元王朝进行了深入反思之后的一次人生抉择，也为弃元佐明埋下了伏笔。

隐居默察

刘基归隐南田之时，在处州招募的义兵因畏惧方国珍的残虐，也多数随他来到青田山中以自保。也有人建议他趁天下扰攘之时，起兵括苍，以成勾践之业，刘基并未采纳。刘基虽然退隐山中，但仍静观默察，关注着风云变幻的时局。这一时期，大起义的形势迅猛发展，朱元璋在群雄之中迅速崛起，他晓谕将士要“克城以武，安民以仁”，不要枉杀百姓。在朱元璋东下婺州时，曾遣使诏谕方国珍，方氏迫于形势，不得不姑示顺从。至正十九年（1359），朱元璋命胡大海、耿再成合兵围攻处州，石末宜孙在处州西北阻击朱元璋南下，但最终还是被攻克。石末宜孙后避走福建，试图再举，当看到大势已去，仍决定重返处州，表示“死亦为处州鬼”，最后为乱兵所杀。刘基在群雄逐鹿的大势中虽然对朱元璋较为看重，但是，朱元璋所部南下处州，石末宜孙因之而被乱兵所杀，这影响了刘基佐明兴业的决心。

在归隐南田期间，刘基还托喻以刺世，撰成《郁离子》，表达自己的社会政治观念。刘基诗文并茂，是元末明初的文学大家，其中，《郁离子》又是最能体现其文学特征，并最具影响的作品。《郁离子》共十八章，一百九十五篇。这是一部有感于元末的社会状况，讽刺现实、抨击朝政的作品，同时也是表现其社会理想的作品。《郁离子》阐天地之隐，发物理之微，究人事之变，寄寓了作者政治、社会、人生理想与智慧，是一部以议论见长，用笔犀利，虚实相间，意蕴深刻的寓言体散文集，在中国文学发展史上占有重要的地位。《郁离子》的创作，从某种意义上看也是刘基弃元佐明的重要标志，体现了其后辅佐朱元璋的思想动因。

刘基归里期间，元末群雄在攻城略地的同时，也在千方百计地争相延纳人才。当攻克处州之后，朱元璋得知刘基的贤名，遂派总制官孙炎前往礼聘。腐朽的元王朝曾使刘基屡屡失望，虽然刘基也对起义的原因逐渐有所认识，但是，弃元而出辅新主毕竟是一个痛苦、艰难的选择，这需要时间的缓冲，需要受到不断变幻的时局的影响。与当时和刘基齐名的宋濂相比较，刘基的出辅愿望显然比宋濂要淡漠，这一方面是刘基受传统的“忠臣不侍二主”的观念羁绊比宋濂更深，正如他诗中所说的“落叶辞故枝，不寄别条上”。另一方面则是因为与刘基交谊深笃的石末宜孙因朱元璋攻克处州而身亡，出辅朱元璋，他必然存在着一定的情感障碍。因此，当朱元璋命孙炎敦请浙东四先生同赴金陵之时，宋濂、叶琛、章溢三人都应允，唯独刘基婉言辞谢。孙炎一再敦请，刘基以宝剑赠奉孙炎，孙炎作诗表示，宝剑当奉献给天子，以斩不顺命之人，为臣者不敢擅自收下这柄宝剑，于是将宝剑奉还刘基，并给刘基留下数千言的书信。刘基在敦请与威逼的双重作用之下，始逡巡就见。这一年，刘基已年届五十，从此步入了人生的新阶段。

佐命成帝业

首战龙江

初到应天（今江苏省南京市），朱元璋对浙东四先生礼敬有加，并向四先生询问："天下纷争，何时能够安定而归于一统？"章溢首先答道："天道无常，惟德是辅，不嗜杀人者能一之。"即有德保民者方能实现一统天下。刘基则针对群雄逐鹿的情势，系统地陈述了十八条策略，朱元璋深为赞许。作为雄视一时的朱元璋，对浙东四贤的倚重也是经过了逐渐认识的过程，从文献记载的这样一段故事中可以看出。

> 刘诚意基初见上，上与坐赐食，因问曰："汝能诗乎？"基曰："诗，儒者末事，何谓不能？"上即举所用斑竹箸示之，曰："试吟此。"基应声曰："一对湘江王细攒，湘妃曾染泪痕斑。"上颦蹙曰："秀才气。"基曰："未也。"即续曰："汉家四百年天下，尽在张良一借间。"上始悦。观此诗，可

见明良之际遇，而刘诚意之自任，亦不俟言外可知矣。

虽然朱元璋即物而命题，刘基因题而作诗的故事是否属实尚存疑问，但朱元璋试之而后信，由“秀才气”渐而心悦的过程是符合朱元璋性格特征的。朱元璋还曾向陶安了解他们的才华如何，陶安说，我的谋略不如刘基，学问不及宋濂，治民之才不及章溢、叶琛。可见，刘基得到朱元璋的倚重，是因为他杰出的才秉，探三才之奥、达万物之情的博识‘以及耿介无私的性情。从此，刘基佐戎帷幄，成为最重要的谋士，为朱元璋建立明王朝和完成统一大业作出了重大贡献。

刘基辅佐朱元璋之初，首先遇到兵锋何向的问题。当时对朱元璋威胁最大的是西邻陈友谅与东邻张士诚。陈、张雄踞一方，各具特点。陈友谅兵强，张士诚富足。张士诚具才略，但惴惴自保；陈友谅虽浅躁，但更具虎视中原、鲸吞海宇之志。对于兵锋何向，以何人为首敌，朱元璋举棋不定。多数人建议朱元璋首先攻打张士诚，因为张士诚比较近，富庶且兵弱。但是，刘基则力排众议，认为张士诚仅求自保，并不可怕。而陈友谅则地据上游，忘我之心无日不停，宜首先攻打。消灭陈友谅，张士诚势单力孤，一举可定，然后北向中原，即可成就帝王之业。刘基对形势的精辟分析，朱元璋大为赞赏。这是刘基审时度势，根据当时的情势作出的正确判断，朱元璋正是采纳了刘基的建议，并以其作为剪灭群雄的基本方略，从而取得了战略上的主动。试想，如果先攻张士诚，浙西负固坚守，陈友谅空国而来，朱元璋必然会腹背受敌，陷于被动，群雄的消长态势必然会大为迥异。因此，这堪称最能体现刘基的军事战略思想，乃至影响历史的重要贡献。

陈友谅，沔阳玉沙县（今湖北省沔阳县）人，以捕鱼为业，曾任县吏。当徐寿辉在蕲州发起反元起义时，陈友谅投身到起义军倪文俊部下，当倪文俊图谋杀害徐寿辉败露后，陈友谅袭杀了倪文俊，收纳了倪文俊的部众，并驾空徐寿辉。陈友谅自称汉王，掌握了西路红巾军的大权。陈友谅迅速攻城略地、扩张势力，后又击杀了徐寿辉，自称为帝，国号为“汉”。他以江州（今江西省九江市）为据点，又从元军手中夺得安庆，占据了龙兴（今南昌市），再取池州（今安徽省池州市贵池区），然后东至太平（元代所置，辖芜湖、当涂等地），直逼应天。当时陈友谅兵力强盛，有大舰百余艘，战船几百条，大有“触舻千里，投戈断江”之势。

至正二十年（1360），陈友谅遣使约张士诚一同进攻朱元璋，但张士诚迟疑未应。陈友谅遂自采石顺流东下，独自进攻朱元璋。当时，陈友谅的水军约十倍于朱元璋。大敌当前，朱元璋召集部将商讨应对之策，群臣惶惶然无所适从，有人主张让城投降，有人提出钟山有帝王之气，宜退据钟山以自保，有人主张离城出走，唯独刘基默然无语。朱元璋见此情形便单独将刘基召入内室征询意见。刘基向朱元璋建议数条。首先，先斩主张投降以及退奔钟山的人，以宣示抗击的决心；其次，打开府库，赈民济贫以稳定人心，取信于民，以鼓舞士气，获取民众的支持；再次，以逸待劳，诱敌深入而伏兵歼敌。朱元璋采纳了刘基的策略，并进行了周密的部署：在外围，急令金华守将胡大海自浙江捣信州（今江西省上饶市），牵制陈友谅后方。同时，令陈友谅旧友康茂才诱使陈友谅分兵来攻。康茂才派人致信陈友谅，诈称欲来投降，要陈友谅兵分三路，速来进攻，自己为内应，相约在江东木桥，呼“老康”为号。陈友谅得书大喜，果然兵分三路奔应天而来，当兵至江东桥时，见木桥已改为石桥，大惊，连呼“老康”而无人回应，陈友谅知道中计，急率水师至龙江，在龙湾与设伏的朱元璋相遇。朱元璋集中全部精锐兵力攻击陈友谅三路军队中的一支，陈友谅溃败，在纷乱之中乘船逃走，恰逢潮退，舟船搁浅，被杀被溺者无数，朱元璋生擒陈友谅军七千多人，得巨舰百余艘，战船数百条。朱元璋率军乘胜攻克了采石、太平、安庆、信州、袁州等地，取得著名的龙湾大捷。这一战是陈友谅由盛转衰的起点，也是朱元璋以弱势转为强势的关键之战，因此，龙湾大捷在元明易代的历史上占据重要的地位，刘基则是朱元璋取胜的最为重要的谋士。

其后，刘基又随朱元璋与徐达、常遇春等人一起溯流而上，攻克安庆、江州，并促成了龙兴守将降附。此役之中，刘基力主破袭江州，朱元璋听从了刘基的策略，最终以全胜而告终。在刘基辅佐朱元璋出战的过程中，由于谋划甚多，因此，有关他能观象而预卜胜负的传说也渐至流传开来，虽然不足凭信，但从一个侧面体现了刘基的辅助之功。如大战将至，刘基说："昨观天象，金星在前，火星在后，此胜师之兆也。"而当都督冯胜将要攻城时，对刘基的神化也更加形象。此役之前，朱元璋命刘基授冯胜进攻方略，刘基让冯胜夜半出兵，说：到某地，看见某方向青云起，即伏兵，一会儿有黑云起，则是敌方有伏兵，谨慎而勿动；中午之后，黑云逐渐稀薄，并与青云相接，这便是敌方归来，即可以随其后攻击，可一举擒获。开始大家都不太相信，但当夜半之时，到达所指地点后，果然看见如刘基所说的云升腾而起，众人深为叹服，于是按照刘基的布置，最终攻城擒贼，胜利而归。当我们拂去其中的神异色彩，也不难看到刘基在龙江战役中所起的重要作用。

随着战事的发展，刘基还能审时度势，协助朱元璋攻、抚兼备。当陈友谅龙湾溃败，朱元璋率军进攻安庆之时，陈友谅部将丁普郎、傅友德就率军来降，朱元璋先后提拔这些降将，在反攻陈友谅的战事中起到了重要的作用，并涣散了陈友谅的军心，使更多将帅来降。不久，龙兴守将江西行省丞相胡廷瑞遣使来见朱元璋，商议请降，但提出不要解散其部众等请求，朱元璋面有难色，刘基则在其后踢胡床，示意朱元璋应允。朱元璋领悟其意，允诺了胡氏所请，并赐书胡廷瑞以示抚慰。胡氏疑虑顿释，立即遣外甥康泰为使，到江州军营降附，使朱元璋进一步取得了战略上的主动，加速了陈友谅的溃败。

在攻克陈友谅的过程中，张士诚一直未敢贸然西进。龙江之役告捷后，朱元璋具备了与陈友谅抗衡的实力，东西夹击的危局得到了缓解，朱元璋由防御转变为进攻。对于这一战役中诸将的贡献，史书有这样的记载："诈降者康茂才，战者刘基、坚守南昌两月不下者，朱文正也。三人之功尤著。"朱元璋也意欲赏赐刘基，但被婉言辞却。刘基成了朱元璋征伐之时须臾不可离的最为重要的谋士，乃至至正二十一年（1361），刘基母亲富氏病逝时，刘基想回家葬母，朱元璋则诚挚慰留，并亲自撰写了《御制慰书》，说："先生当以宽容加餐，以养怀才抱道之体，助我成功。那时必当遣官与先生一同回乡里荐母之劬劳，岂不美哉?"足见朱元璋对刘基的信赖与倚重。同样，在刘基归里丁母忧之时，朱元璋还曾数次致函访求军国大事，盼望其早日回应天，说：“愚与先生自江西别后，屡有不祥，皆应先生前教之言……虔求一来，望先生发踪指示耳。日夜悬悬……望先生以生民为念，德教为心，早赐来临，是所愿也。”如此殷切的期盼，足见刘基对于朱元璋的重要作用。

安定东南

当与陈友谅的战事稍息之时，刘基得以归里丁母忧。但由于朱元璋屡屡驰书敦请，于是刘基于至正二十三年（1363）匆匆赶回应天。在刘基归里丁母忧期间，刘基还为安定东南起了重要作用。在至正二十二年（1362）三月归里途中，洪都降将祝宗、康泰反叛，刘基好友叶琛遇害。刘基在途经衢州时，金华苗军反叛，杀害了金华守臣胡大海等人，处州苗军元帅李祐之、贺仁得等也随之反叛，杀害了耿再成、孙炎等。衢州到处人心惶惶，守将夏毅无所适从。刘基到后，安抚民众。同时致书金华、处州所属之地，要求固守，并会同平章邵荣等人攻克处州。李祐之自杀，贺仁得被擒。

在回应天途中，又恰逢张士诚率部攻打建德。当时建德守军李文忠欲奋击，刘基根据当时的情势判断，张士诚军孤军独进，后援难以为继，数天之后自然会撤退，如果正面迎战，伤亡巨大，于是刘基劝阻李文忠说，不出三天，敌军当自然退军，然后可追击而擒获。三天之后，刘基登城察看，说敌军已退，但守军看到张士诚军队的壁垒、旗帜俨然如故，而莫敢轻动。刘基则要求他们快速进兵，到敌营后果然已成空城，于是追到东阳，擒敌而还。

再战鄱阳

刘基到应天后，张士诚派吕珍发兵进攻安丰，刘福通请朱元璋驰援，朱元璋亲率徐达、常遇春等大军前去增援，刘基力劝未果。当朱元璋军队尚未到达之时，刘福通已战死，朱元璋前去救出了小明王韩林儿。刘基与朱元璋对韩林儿的态度有所不同，刘基认为朱元璋无须再尊奉小明王，而应自树旗帜，成就帝业。此前当朱元璋在江南行中书省设御座奉小明王时，刘基独自不拜，并且说："彼牧竖耳，奉之何为！"刘基认为韩宋政权已无利用的价值，奉韩宋则不利于朱元璋的发展，并向朱元璋陈述了天命所在。刘基反对救安丰，除了不尊韩林儿的政治因素之外，还因为刘基担心救安丰时，陈友谅会趁机进攻应天，使朱元璋在军事上进退失据。果然，正如刘基所料，当朱元璋率兵解安丰之围时，陈友谅空国而来，号称六十万大军，围攻洪都，试图与朱元璋决一死战。洪都守将朱文正死守三个月，陈友谅始终攻城不下。此时朱元璋攻庐州未果，见洪都危急，于是率众二十万解危洪都。陈友谅见状，撤去洪都包围，东出鄱阳湖准备迎战朱元璋援军，于是朱、陈战略决战的大幕终于拉开了。

在至正二十三年七月的战役中，刘基与朱元璋同舟指挥谋划，取得了决定性的胜利。其中，刘基发挥了重要的作用。

首先，坚定必胜信心，给朱元璋及全军以心理支持。战役开始时，两军相遇于康郎山，朱元璋分兵迎战，战斗十分激烈。陈友谅全部以巨舰出战，这些特制的巨舰高达数丈，可容纳两三千人，上下三层，绵亘数十里，望之如山，气势夺人，朱元璋见此阵势也“颇惧”，便问刘基天象、气色如何。刘基坚定地说：“我兵必胜之气，当力战。”为之壮胆助威，振奋了军心，为取得大战胜利奠定了基础。

其次，运用了正确的战略。此次大战两军差异较大。陈友谅巨舰相连，不惧风浪，但不够灵活。朱元璋舟小，仰攻不利，但灵活快捷，进退自如。因此，朱元璋军队汲取了当年吴、蜀联军赤壁之战的办法，巧用火攻战术，告诫诸将靠近敌舟时要先发火器，然后再用弓弩。尤其是七月二十二日下午开始的大规模的火攻，给陈友谅以致命的打击。据史书记载，这一天东北风渐起，朱元璋命部将以七艘小船满载芦苇，内装火药，将草人饰以盔甲、兵器，作战斗姿势，敢死队在小船之后操纵。当船靠近敌舰时，乘风纵火，风疾火烈，致使陈友谅的数百艘舰船被焚，“烟焰涨天，湖水尽赤，死者大半”。

这次火攻使陈友谅元气大伤，其弟陈友仁、陈友贵及平章陈普略等人都被烧死，陈友谅气势顿挫，自此以后便敛舟自守，不敢再战。火攻的胜利，最关键的当然是朱元璋指挥得当，而刘基借鉴古代战法，也为朱元璋的决策提供了重要的帮助。同时，此役所用的火器种类较多，特别是名为“没奈何”的火器威力惊人。虽然现存的《火龙经》《炎龙神器阵法》等著作未必是刘基亲撰，但托名刘基，也说明他对火器是有一定研究的。

鄱阳湖大战中朱元璋取胜，还与刘基、朱升等人及时提出“移军湖口”的策略有关。火攻得胜后朱元璋掌握了战场主动权，但是，陈友谅是一位历大困而不气馁的统帅。如何给陈友谅最后一击，彻底消灭最为骁勇的劲敌？断其归路，是获取全胜的关键。刘基与朱升等人及时向朱元璋提出了这一策略，朱元璋遂率军移至湖口，并令常遇春、廖永忠等将统率水军横截湖面，断绝了陈友谅军队出入的通道。陆路被阻、湖口被扼，最终使陈友谅进退失据，陈友谅计穷，只得冒死突围，后中流矢身亡，全军溃败。次日，陈荣等率领五万多人投降，朱元璋因此取得了决定性的胜利。

最后，使朱元璋免遭一难。当大战正酣之时，刘基陪朱元璋坐胡床督战，突然刘基跃起大呼，催朱元璋换船。朱元璋换船尚未坐定，飞炮即将原船击碎，刘基的及时呼救与换船使朱元璋幸免于难。

对于这场堪称朱元璋所经历的规模最大、最为激烈的战役，刘基其后激情赋诗，描述了“将军金甲箭攒螺，战士铁衣汗流雨。火龙焙焰绛天衢，燧象愿烟煎地府”的日黑天昏的壮阔场面。鄱阳湖大战是朱元璋一统天下过程中最为关键的一役，诚如史书所载，朱元璋“江夏既平，渐可北窥襄邓，荆扬混一，便当分下中原，从此摧枯拉朽，帝业已成”。在这一重大战役中，朱、刘同舟运筹指挥，两人增进了友谊与信任。多年之后，朱元璋还对刘基的次子刘璟说起此役之中刘基的独特贡献：“他的天文，别人看不着……鄱阳湖到处厮杀，他都有功。”

屏人密语

陈友谅被消灭后，至正二十四年（1364），其子陈理投降，汉亡。朱元璋即吴王位，以李善长为右相国，徐达为左相国。次年七月，置太史监，不久以刘基为太史令，虽然太史令一职主要负责天文占候之事，但刘基实质还是参与戎机，“屏人密语”，备朱元璋顾问。

灭汉的硝烟刚刚散尽，第二年，朱元璋又开始了灭吴的战争。经过约两年的时间，朱元璋对张士诚采取了由外及内的进攻次第：首先攻占江北，然后进攻湖州、杭州等地，最后围攻平江，张士诚被俘。囚送途中张士诚瞑目不语，亦不食，至金陵自缢而死。张士诚据平江，户口殷盛，物产丰盈，对部卒也仁爱体恤，但最终还是被朱元璋所灭，其原因正是刘基所料的“自守虏”，缺乏大志远谋，一次次丧失了取得战略主动的机会。对此，查继佐《罪惟录》有云：“始既不夹击龙江，既又不乘衅鄱阳，张士诚失策。夫金陵失守，无汉蔽，平江必随之，虞虢唇齿之说也。观望不起，士诚自固之道亦正如此。”张士诚被迅速消灭，正印证了刘基根据陈、张性情的判断，采用先陈而后张的用兵次第的正确，实际上这是朱元璋完成统一大业唯一正确的选择。

其后，朱元璋所向披靡，消灭了方国珍的势力。同时，徐达、常遇春又率讨元大军，北向山东，元军纷纷纳款投降，一个统一的新王朝的基业逐渐形成。

朱元璋在军事上节节胜利的过程中，刘基与朱元璋时常屏人谋划，除了商讨用兵方略之外，还帮助朱元璋习儒明理，这对朱明王朝的建立以及此后明初的文治产生了相当重要的作用。对此，朱元璋并不讳言，说：“节次随征行，每于闲暇，数以孔子之言开导我心，故颇知古意。及将临敌境，尔乃昼夜仰观乾象，慎候风云，使三军避凶趋吉，数有贞利。”元明鼎革之际，刘基施展了自己卓荦的才华，是朱元璋最为重要的谋臣。

功成识进退

治国良辅

随着军事上的节节胜利，建立新王朝的帷幕也伴着东定吴会、北伐中原的硝烟逐渐拉开了。从新王朝的称名、择都到制度律令的制定，乃至郊社宗庙、山川百神的祭祀等，都需要由博洽坟典的有识之士去完成，其中李善长、刘基、宋濂等人议决尤多。

佐命以来，刘基一直随朱元璋东征西伐。完成中华一统的大业，实现由乱离到治平的转变，这当然是刘基所孜求的人生理想。但是，如何在王朝更迭中建立起一个新的、人敦本业、土无荒芜的社会，建立一个上下交足、百姓安宁的社会，这需要在王朝肇兴之时的制度建设中得到确认，因此，为了新王朝的建立，刘基宵衣旰食，殚精竭虑，倾注了大量的心血。其中，刘基躬亲较多的是以下诸事。

营建新都。新王朝建立首先面临的问题便是都城的确定。当朱元璋及群臣们着手准备勘定都城之时，徐达率领大军炮击元大都的硝烟尚未散去，元顺帝妥欢贴睦尔逃到了塞北上都，北部复杂的社会环境不容许新王朝以元大都为都城。集庆（今江苏省南京市）则是六朝古都，繁华形胜。朱元璋在与群雄鏖战期间，就以其为中心，开疆辟土，逐渐取得了战略上的主动。在其攻克太平时，陶安就建议先攻取集庆，“抚形胜以临四方”，至正十六年二月攻克集庆后，就改为应天府，成为朱元璋统治的中心。其后，朱元璋又在此即吴王位。因应天旧城距钟山尚有一段距离，而传说中金陵王气在钟山，于是朱元璋下令拓建应天城，让刘基卜地，确定在钟山南麓建新宫。对于刘基堪地营建新宫，历史上曾有过种种传说与附会。

刘基博洽多闻，精通堪舆，明代皇宫建筑无疑凝聚着刘基的智慧，但将其附会成谶语，这主要是封建帝王为帝位之争而杜撰的神异故事，并且被其后的封建政权屡屡利用。刘基筑城的谶语，在最初的《诚意伯刘公行状》《神道碑》之中并无记载。而在《明太祖实录》卷二十一中也仅有“太祖乃命刘基等卜地，定作新宫于钟山之阳”等数语而已，并无丝毫谶语的痕迹，但是，在明邓士龙辑《国朝典故》卷之六十二《遵闻录》中，谶语已有记载，不过所涉的内容仅限于“人实不是逾，除是燕子”而已。《遵闻录》的作者梁亿生卒年虽不可考，但该书记载的内容上自元末，下迄正德末年，也就是说该书成书时间距永乐朝大约百年，而谶语的形成显然应该在此前，因此，刘基谶语的形成与朱棣“靖难”有直接的关系。刘基的神化成了带有浓厚政治色彩、影响十分广泛的文化现象，这与历史上真实的刘基已相去甚远了。但是，这一切都源自刘基的博识、卓越。

制定律历。法律制度事关国家的立国之本，事关治乱安危，历史上因定律失当而引起祸乱乃至王朝更迭的例子屡见不鲜，善于总结历史经验的朱元璋有鉴于此，谨慎定律。明代法律制度的制定经历了较长的过程，据史书记载：“草创于吴元年，更定于洪武六年，整齐于二十二年，至三十年始颁示天下。”刘基参与了吴元年（1367）律法制度的草创，当时定律工作由中书省、御史台共同完成，李善长、刘基是其中的关键人物。《大明律》是一部凌越古人、启示后代的重要法律文献，后来的《大清律》大部分沿袭了这部著作，被法学史界称为“中国法系最成熟时期的难得产物”。虽然，刘基参与编定的明代律令与最后更定的《大明律》内容可能有相当大的不同，但刘基等人的草创之功是不可抹杀的。

至正二十五年（1365），朱元璋即吴王位不久，便设置了太史监，以刘基为太史令。其后又改为太史院、司天监、钦天监等。太史令之职主要是察天文、定历数、占候等事。

吴元年由刘基、高翼厘定成《戊申大统历》。《大统历》依循《授时历》的传统，不牵合律吕、卦爻，只求合天。直到明末崇祯年间，徐光启随利玛窦采用西洋历法写成《历书》，明代才有更详密、精确的历法，但《历书》尚未来得及颁行，明王朝就已灭亡，因此，肇始于刘基的《大统历》几乎是明代始终使用的历法。

复兴科举。当元末群雄逐鹿之时，各方就为罗致人才展开了激烈的竞争。朱元璋在平定天下的过程中，深切地感受到人才对于治国的重要性，当他即吴王位时，就令中书省选民间有学识、有才干的人到中书省，与练达政事的年长者共事。明王朝建立后，朱元璋对荐举的方式仍然十分偏爱，这种不拘一格的选才方式曾颇为盛行，由布衣而登高位者屡见不鲜。但这毕竟是社会尚未安定、人才匮乏之时的应急之举，荐举中名不副实的现象也时常发生。因此，从洪武十七年（1384）复兴科举，到建文、永乐之后，科举渐重，荐举渐轻。而明代科举的端倪，尤其是学校、科目、荐举、铨选配合进行的培养、选拔、使用人才的方式在明初即已形成，其中刘基出力尤多。

明洪武三年（1370），朱元璋与刘基议定，在唐宋科举方式的基础上确定明代科举的基本构架，内容以“四书五经”命题试士。当然，明初因为缺员太多，朱元璋求纳贤才的心情十分迫切，命令各省连试三年，其中以年轻才俊为多。明初的科举存在着一定的不足，这与朱元璋急于擢进年少才俊的心情有关。从明初的科举考试内容来看，还是注意兼顾学识与践履的综合考察的。当时，初场试经义二道，《四书》义一道；二场，论一道；三场，策一道。在中式后十日，还专试骑、射、书、算、律五事。由此可见，刘基参与制定的科考程式是要求选拔通经致用的学子，但其后颁行的科举定式中，专试五事被取消了，这直接导致了明代科举脱离实际、脱离社会风气的形成，最终使明代科举走向穷途。同时，也不可否认的是，刘基参与制定的八股文试士的方式，虽然强化了试士的可操作性与规范性，但是，这样过分注重形式的科考方式，也使士子们的创造能力受到了制约。

倡立军卫。明王朝建立时，虽然实现了全国统一，但是，元王朝北走蒙古，并没有被完全消灭，北方的边境危机仍未得到解除。因此，建立一支强大的军队是明王朝能够保境安民的前提条件。但是，经过长期的元末战争，百姓深受战乱之苦，又急需恢复生产、休养生息，为此，刘基参照唐代的府兵制度，提议建卫所兵制，使军籍世袭，兵农结合。这样，既保证了充足、稳定的兵源，又能不误生产。正如孟森先生所评价的那样："养兵皆不用耗财，而兵且兼有生财之用。"这样的兵制，在百废待兴的明初堪称唯一正确的选择。这对于明初由乱及治，迅速恢复生产，建立起巩固的中央集权起到了重要的作用。

整肃纪纲。朱元璋即吴王位时，曾设三大府，其具体职能是："中书总政事，都督掌军旅，御史掌纠察。"虽然，洪武十三年（1380）罢设丞相，撤销了中书省，但是，御史台［洪武十五年（1382）改为都察院］的功能并没有变化，即"纠劾百司，辩明冤枉，提督各道，为天子耳目风纪之司"。御史台不但职掌检察百官，还有直谏政事的职能。明初之时，虽然刘基仅是御史中丞，但是，当时任左右御史大夫的汤和、邓愈都是武臣，而御史大夫实乃文臣之职，他们仅是享其尊荣的虚衔而已。事实上，他们并没有理其事，汤和在任御史大夫的次日，就被敕命为征南将军，统率江南诸军讨伐方国珍。因此，在明初，实际上是刘基主理御史台事。刘基对于整肃官场风纪，建立清平社会起到了积极作用。

敷陈王道。刘基虽然任职御史中丞、太史令，但事实上还有备朱元璋顾问之职。朱元璋生于草莽，但善于学习，很快即成为识事明理的一方统帅，从而最终完成了鼎革之变。但朱元璋毕竟对中国传统的儒家思想以及治乱兴衰的历史了解有限，还需要刘基、宋濂等人的辅助。明代初年，朱元璋与刘基讨论了为政宽猛的问题，对于明初的政治与社会生产都具有重要的影响。当朱元璋与他议定治国策略时，刘基说："生息之道，在于宽仁。"而朱元璋据此提出了较具体的宽仁理念，即节用以富民之财，减少劳役以省民力，严惩贪暴之徒以保全百姓，并实施了一系列安定社会、发展生产的政策，不久即形成了"百姓充实，府藏衍溢"的局面。这与刘基、宋濂等人长期以来对朱元璋敷陈王道有直接的关系。

在明朝建立之初，刘基殚精竭虑，以自己卓越的才智，在新王朝的制度建设中注入了诸多仁民爱物、以德劝政的内容，这是他一贯秉持民本思想的作风使然。同时，朱元璋的倚重与信任，也是他得以屡献猷谋的重要条件。对于刘基的贡献，朱元璋也给予了充分的肯定，这在青田免征五合税粮中就足以看出。

艰难仕宦

随着明王朝的建立，朱元璋以前的军事、政治对手一一被消灭，社会逐渐从乱离而及治平。朱元璋的注意力也由如何取得政权变为如何巩固政权。随之而起的则是朱元璋对勋臣的疑忌心理日益加重。同时，刘基耿介的性格与王朝的新贵们产生了矛盾。因此，随着明王朝的建立，刘基也逐渐步入了艰难的仕宦阶段，并走完人生的最后旅途。

刘基与朱元璋虽然在平定天下的过程中能够勠力同心，但是，这并不能掩盖他们的分歧。他们的关系并不像三国时期的刘备与诸葛亮。朱元璋对刘基远不是言听计从，而是“审而用之”。当大敌当前，天下未定之时，朱元璋对刘基十分尊敬，常称“老先生”而不名。但是，当大局将定之时，朱元璋对刘基的态度也逐渐发生了变化，例如，吴元年张士诚被消灭后，朱元璋主要的军事对手已不复存在之时，他曾召刘基、陶安讨论夺取天下的大计。刘基认为：“土宇日广，人民日众，天下可以席卷矣。”但朱元璋随即直接驳议道：“土不可以恃广，人不可恃众。”语气与当初同刘基相见时的情形有了天壤之别。朱元璋与刘基的分歧，在前期主要是围绕着对小明王的态度方面。刘基不敬小明王，主要是考虑不可因小明王而抑制朱元璋迅速扩张的势头，根本上是为朱元璋的政治利益考虑，因此，这并不是实质性的分歧。而天下甫定之后，朱元璋与刘基围绕着为政宽猛、定都争议，则较充分地体现了他们思想的异致。

为政宽猛不同。表面看来，朱元璋与刘基为政的态度并没有多大的差异，如他们都主张行宽政，体恤百姓。同时，他们也都主张严整吏治。刘基在明初司职御史台，就是纠察百司，他惩戒贪渎而不避权贵。朱元璋对于吏治的整肃几乎到了严苛的程度。但其实刘基与朱元璋在为政观念上尚存在着较大的分歧。

首先，宽政的目的不一样。朱元璋与刘基都主张宽政为民。朱元璋自谓："朕本农夫，深知民间疾苦。"但是，由于他是专制主义者，他的皇权是建立在掠夺百姓的基础上的，因此，这两者存在着本质的矛盾。而当矛盾产生时，他便毫不犹豫地维护皇权，他最关心的是何以能使江山永固，何以能保证大权不要旁落，使百姓得到休养生息也是服从这一前提的。因此，当时"闻宽宥之名，未见宽宥之实"。而刘基的宽政思想则是基于民本思想，这也是他政治理想的核心，他的肃贪治吏，根本是为了与民休息，复宽政。因此，刘基对民情深有体恤，尤其是对滞狱冤情、降兵俘卒十分关心，乃至于他以天人感应的方法来阻止朱元璋滥杀无辜。引起朱元璋恼怒的也是因他为生民谋利的三项条陈。

其次，循法的观念不一。朱元璋与刘基都对官场的腐败深恶痛绝，刘基认为："宋、元宽纵失天下，今宜肃纪纲。"他肃纪纲、严法度是为了保护生民利益，即他所说的"严而有惠爱"。他强调立法定制，目的是"以止滥杀"。整严纪纲，并不是因个人的意志，而应循法而行。由刘基等人草创，其后更定的《大明律》明确规定官员不得随便"变乱陈法"，有具体细致的量刑原则。而朱元璋的治吏常常使用法外之法，律外之刑。在明初，《大明律》之外，还有《御制大诰》及《续编》《三编》颁行全国。《大诰》的严苛远甚于《大明律》。朱元璋颁行的法外之刑，致使明初用刑过滥，且任意轻重。洪武年间的几起大狱，因为“族诛”之刑，动辄杀戮数千人，致使许多无辜者死于非命，这与刘基依法而止滥杀的思想是迥然有异的。明初的严苛之刑，虽然对整肃吏治起到了一定的作用，但由于殃及无辜，使整个社会陷入了人人自危的气氛之中，有悖于保民而王的王道政治。朱元璋与刘基循法观念的不同，根本原因在于他们学识基础的不同。

定都分歧。明王朝定都何处，经历了较长时间的争议。最初有人建议定都关中，也有人建议定都洛阳（今洛阳）、汴梁（今开封）、北平（今北京）等。但都因存在诸多缺陷而被否定了。当时意见比较一致的是建都金陵，因为金陵据长江天险，为江南形胜之地，六朝时曾作过都城，但由于六朝都是国祚甚短的王朝，这成了朱元璋的一块心病。因此，朱元璋又提出按照古代两京的旧例，除金陵之外，在临濠建中都，而实际的目的则是想迁都。朱元璋提出的表面理由是临濠在江淮之间，有险可凭，漕运方便，实际则是临濠为朱元璋的故里。但朱元璋的这一想法遭到了刘基的反对，他置朱元璋的乡曲观念于不顾，认为营建中都工程十分浩大，而天下甫定，百姓尚未得到休养生息。而且，当时元代著名统帅扩廓帖木儿（王保保）仍握有重兵，需认真对付。因此，刘基犯颜直谏，说：“凤阳虽帝乡，非建都地，王保保未可轻也。”显然，刘基的建议是合理的。他将建都与当时的军事形势结合在一起，是一种清醒的认识。当新贵们还沉浸在甫得政权的喜庆之中时，刘基及时提醒，统率数十万之众的王保保仍未消灭。但是，朱元璋没有听取刘基的忠言，而是执意营建中都，其结果正如刘基所料。

洪武元年（1368），王保保遣兵攻占太原，尽杀朝廷官员。洪武五年（1372），朱元璋派遣徐达为征虏大将军，率军十五万征讨王保保，结果在岭北失利，损失数万人，被迫敛兵自守。其后王保保走漠北，成为明代西北的重要边患。据统计，在与王保保的战争中，累计战死四十多万人。就明初的情况来看，建都金陵是合理的，虽然偏于东南，但处于中国最富庶地区中心，通过长江航道，四方舟运十分便捷。而金陵与临濠相距并不遥远，因此，在金陵之外再营造中都并无多大实际意义。但朱元璋当时并未采纳刘基的建议，洪武二年（1369）即命令按照京师的规制在临濠建置城池宫阙，前后共花费六年时间，耗费极大。洪武八年（1375）四月，恰在刘基去世之时，朱元璋最终不得已亲自撰罪己之文，到中都祭告天地，罢建中都，将中都变为凤阳府治。结果再一次证明了刘基的建议是逆耳的忠言。

论相结怨。当李善长罢相之后，朱元璋曾与刘基讨论宰相的人选，刘基坦率直切地提出了自己的看法。朱元璋想让杨宪为相，刘基认为杨宪有宰相之才而无宰相之器。宰相应该持心如水，以义理为权衡，不要以一己之意作为判断是非的标准，而杨宪在这方面有明显欠缺。朱元璋又问汪广洋如何。刘基认为汪广洋褊狭的性情可能更甚于杨宪。朱元璋又问胡惟庸如何。刘基说，这就好像驾车，担心胡惟庸会偾辕啊。当朱元璋再次表示以刘基为相的想法时，刘基诚恳地表示，自己性情疾恶很甚，不能担负起宰相烦冗的事务，做了会辜负皇上的知遇之恩。天下有才华的人并不少，只有希望陛下努力访求。只是目前提到的这几个人确实不合适。但朱元璋并未听取刘基的建议，结果三人最后都被一一诛杀。虽然这与朱元璋意欲建立高度集权的统治有关，但这也与他们三人都不具备丞相的才器有直接的关系。同时，两人论相的内容还是被朱元璋泄露了出去，这为后来胡惟庸等人构陷刘基埋下了祸根。

刘基与朱元璋的分歧孰是孰非难以一概而论。但就循法观念、营建中都等方面来看，实践证明刘基的建议更具合理性。朱元璋未能善纳嘉言，营建中都的靡费尚可计量，因任用丞相失当而强化了君、相关系的紧张，最终使朱元璋撤除了丞相之职，加速了暴虐统治的形成，进而致使群臣噤若寒蝉，阻塞了言路，其损失是无形而巨大的。

触忤淮人

刘基耿介的性格还导致刘基与李善长等人发生了一些矛盾，从而产生了刘基致仕归里的诱因。在建立明王朝的过程中，洪泽湖以西、巢湖以北，也就是通常所说的“淮右”地区的人起到了十分重要的作用，是朱元璋成就帝业的基本力量。在明王朝建立之后，这些勋旧自然受到了朱元璋的特别重视与褒奖，多被封为公、侯显爵。洪武二年，朱元璋立功臣庙，其中的二十一位功臣，除康茂才之外，其余都是淮人，而享太庙的七人则全部是淮人。他们不但占据着政权的中枢，经济上也享有无可比拟的特权，由此形成了一个以李善长为核心的庞大的把持朝政的利益集团。诗人贝琼作诗说：“两河兵合尽红巾，岂有桃源可避秦？马上短衣多楚客，城中高髻半淮人。”

刘基素来刚正不阿，决不拉帮结党。在其去世后，朱元璋对他的儿子说过：“刘伯温他在这里时，满朝都是党，只是他一个不从，吃他每（们）蛊了。”李善长为首的淮人集团自然会将耿介而才华卓著的刘基视为专恣朝政的障碍，对刘基时有构陷之举。但刘基对李善长并无太多芥蒂，而是对其有较公允的评价。一次，当朱元璋因事斥责李善长时，刘基则说：“善长勋旧，能调和诸将。”因此，朱元璋对刘基不挟私情评骘人物的品节甚为激赏，说：“是数欲害君，君乃为之地耶！吾行相君矣。”而与李善长矛盾激化的真正原因，则是刘基秉公执法触动了朋党的利益。

洪武元年四月，因建都及谋划攻取大都等事，朱元璋北巡汴梁，大会诸将。临行前命李善长、刘基留京师管理朝政。朱元璋与刘基对于贪纵枉法的行为都深恶痛绝，朱元璋临行前就单独嘱托刘基，要求他严加督察，以肃清宫廷内部的奸恶之人。而刘基也认为，御史纠劾百官，应该无所避慝，即使是宿卫宦侍触犯了法律，也当奏明皇太子将其依法处置。当朱元璋赴汴梁时，中书省都事李彬触犯了法律，应该问斩，但李彬是李善长的亲信，因此，李善长出面希望刘基暂缓行法。刘基不为所动，派人奏请朱元璋，请求处斩李彬，并得到了朱元璋的许可。当时天气大旱，正在计议如何拜神祈雨，李善长就以祈雨时不能杀人为借口，试图阻止。刘基对于李善长的徇私行为十分反感，坚持立即处斩，气愤地说：“杀李彬天必雨。”果断地在祭坛之下将李彬问斩。李善长由此对刘基十分忌恨，朱元璋回京之后，李善长以及平时怨恨刘基的人一起趁机诋毁，说刘基执法专恣，在祈雨的祭坛上行刑，是对天神的不敬。朱元璋虽然并未完全听信李善长等人的话，没有斥责刘基，但是，李善长攻击刘基“专恣”则触动了朱元璋的戒备心理。刘基依法处斩了李彬，不但得罪了淮人，同时，也加深了朱元璋与刘基的隔膜。

这一年大旱并没有因斩杀李彬而结束，时至八月，朝廷颁令“以旱求言”。刘基针对当时的情况，提出了亟待解决的三个问题：阵亡将士的妻子共有数万人，都集中在别营居住，致使阴气郁结；工匠死后，遗骸未能及时掩埋；张士诚的部卒都被编为军户，干犯了中和之气。以上三方面的因素，致使久旱不雨。刘基为生民之利借气候异常而提出的条陈，与气候并无直接的关系，而只是以此作为尽快纳谏的手段，因此，朱元璋虽然采纳了刘基的建议，迅速解决了以上三方面的问题，但天气仍然无雨，朱元璋大为不满，第一次对刘基发怒。

朱元璋对刘基的愠怒，使刘基深深感受到了隔膜在加深，朱元璋在取得政权之后逐渐专擅雄肆，已了无乍见之时的谦恭。而这一次公开的愠怒，使刘基感受到了深深的凄惶与不安。加之与以李善长为首的淮人集团矛盾的加深，刘基更感到朝廷弥漫着凶险的气氛。正在这时，恰逢妻子去世，刘基请求告归，并得到了朱元璋的准允。此时也正值朱元璋营建中都，又锐意消灭扩廓帖木儿之时。临行之前，刘基出于对新王朝的忠诚，更由于他耿介的性格，仍然直言进谏，说：“凤阳虽帝乡，非建都地也，王保保未可轻也。”不久，徐达在征讨王保保时即遭受到了最大的败绩，乃至朱元璋晚年还余痛犹存，并谕晋王说：“吾用兵一世，指挥诸将，未尝败北，致伤士卒，正欲养锐，以观时变。夫何诸将日请深入沙漠，不免疲兵于和林，此盖轻信无谋，以致伤生数万。”而营建中都的结果同样是在耗费极大之后，以撰写罪己之文而告终。刘基的临别建言，充分显示了其对朱元璋的忠诚。

刘基居家几个月后，朱元璋又来信表示“益思公言”，召其到京师同盟勋策。刘基赴京后，朱元璋对其赐赏甚厚，赐《祖永嘉郡公诰》《祖母永嘉郡夫人梁氏诰》《父永嘉郡公诰》《母永嘉郡夫人富氏诰》《妻永嘉郡夫人富氏诰》。并且累次想要晋刘基爵位，刘基固辞不受，说：“陛下乃天授，臣何敢贪天之功？圣恩深厚，荣显先人足矣。”

封爵得伯

洪武三年，当元顺帝远走西北，中原略定之时，朱元璋在分封皇子们为诸王之后，又仿唐代制度，设弘文馆，目的一是报勋旧，使其享尊荣，二是以示尊崇文学。刘基、危素、王本中等人兼弘文馆学士。当然，真正体现朱元璋对勋臣们肯认程度的则是这年十一月的五等封爵——李善长、徐达等六人被封为公，汤和等二十八人被封为侯，而刘基则被封为诚意伯，授开国翊运守正文臣、资善大夫，上护军，列于忠勤伯汪广洋之后。受封者的食禄也差等有别。李善长岁禄最高，四千石，刘基的食禄则仅二百四十石。对于刘基所受的爵禄，众人颇为不解。其实，封爵赐禄充分体现了朱元璋具有浓厚的乡曲观念，分封的厚薄，很大程度上决定于是否“与朕同里”。当杨宪等人质疑李善长为相的能力时，朱元璋就坦率地说：“善长虽无宰相才，与我同城，我自起兵，事我涉历艰险，勤劳簿书，功亦多矣。我既为家主，善长当相我，盖用勋旧也，今后勿言。”可见，淮人集团确是朱元璋所倚重的基本力量，刘基等受封得伯也就是情理之中的事了。同时，这也与刘基固辞不受有关。在封爵之前，朱元璋曾招刘基的好友宋濂商议封爵之事，当时宋濂提出初步设想，得到了朱元璋的充分肯认。此后，朱元璋屡次想晋刘基爵禄，但刘基都固辞不受。这除了与刘基不刻意图名的品节有关之外，还与刘基对朱元璋心态的准确把握有关。明王朝建立后，朱元璋对勋臣的提防尤甚，因此，固辞晋爵，也是刘基避祸全身的一种考虑。

致仕归里

洪武四年（1371），列为勋臣之首的李善长因稍显骄纵，朱元璋对其渐生厌感，于是李善长称疾致仕。李善长罢相后，汪广洋拜为左丞相。朱元璋在任相一事上虽然对刘基示以敬意，但其实完全没有听从刘基的建议。胡惟庸等悉知朱、刘论相内容的人一旦手握相柄，便“故衔基”，即开始构陷刘基。此时的刘基更是深感朝廷气氛的可怖，于是，封爵之后不久，刘基便提出告老还乡的请求，朱元璋很快准允。刘基便又韬迹归隐，屏居于南田故里。

刘基致仕归里之时，已感到身倦意冷，对未来茫然无望。历经元明两朝的几次起落，饱读诗书、深谙历史的刘基深明进退之道。他从表面堂皇的朝廷中，看到了背后涌动的凶险之气。他祈求的仅是避祸全身，颐养天年而已，刘基作诗说：“宁知有衰老，况敢言功勋。”居家之时，刘基闭门谢客，口不言功，从诗作中可见其心境：“侥福非所希，避祸敢不慎？富贵实祸枢，寡欲自鲜吝。疏食可以饱，肥甘乃锋刃。探珠入龙堂，生死在一瞬。何如坐蓬荜，默默观大运。”

尽管刘基屏居南田，但朱元璋还时常致书山中，询问国事。如朱元璋因严法而招致谤骂，且天象屡有不祥征兆，朱元璋十分不安，于是致书刘基，说：“奈何胡元以宽而失，朕收平中国，非猛不可，然歹人恶严法、喜宽容，谤骂国家、扇惑非非，莫能治。即今天象叠见，且天鸣已及八载，日中黑子又见三年……”刘基都一一条答，大致的内容是：霜雪之后，必有阳春，当国威已经建立之后，宜稍以宽缓相济。虽然刘基与朱元璋在为政宽猛的问题上观点不尽相同，但是，朱元璋在天象屡显、谤骂不绝的境况下，还能及时征询刘基的建议，可见，刘基虽然身居山中，但仍能为朝政尽己之力。

由于面临着胡惟庸等人当权的情势，刘基没有忘记敛迹全身，口不言功，乃至谢绝与任何地方官员的交往。一次，青田县令求见不得，便微服饰为村野之人谒见，当时刘基正在洗脚，便让其进入茅舍，正准备煮饭相待，县令自报家门，刘基随即起身，称民谢去，最终不复相见。但尽管如此，胡惟庸等人并未停止对刘基的构陷。

刘基家乡附近有一个叫谈洋的地方（今文成县南田区朱阳乡），这里林深草茂，山岗林立，又处于福建、浙江的交界处，是私贩盐货者出没之地。元末，方国珍曾占据于此，明初仍然纷乱复杂，刘基建议朝廷设谈洋巡检司统辖该地区。但设立之后，乱象仍未消除，尤其是周广三等人在温、处之间起兵，官员们隐匿不报。于是，刘基让长子刘琏赴京禀奏。因为当时胡惟庸把持中书省，刘琏便直接禀报朱元璋而没有经过中书省，这引起了胡惟庸的恼怒。胡惟庸指使刑部尚书吴云沭等人诬陷刘基，说谈洋有王气，刘基想要在此修墓，百姓不答应，于是请求设巡检司以驱逐百姓。吴云沭在胡惟庸的指使下，请求逮捕刘琏。朱元璋对天象征兆、地理吉凶十分相信，刘基又素通天文堪舆，胡惟庸的构陷正好切中了朱元璋最为敏感的神经，那就是最担心有人对王权产生威胁，诚如孟森先生所说：“谈洋王气之谗，正以公有术数之长，而动帝听。”朱元璋这次虽然没有直接加罪于刘基、刘琏，但“颇为所动，遂夺其禄”。来自帝王的责罚，了无申辩诉说的机会，刘基只得赶快回到朝廷，引咎自责，以避开所谓的谈洋“王气”嫌疑。此时的刘基，老病而悲苦，有家而无法归去，心情痛苦到了极点。元末遭受的羁管之累，是因政见不同所致，而这一次，完全是出于“莫须有”的罪名，而责罚所自，恰恰是自己穷后半生之力辅佐的朱元璋，欲辩而不能。老病的刘基真是“欲飞无羽翼，零泪湿衣裳”。

刘基居京不久，汪广洋因政治无所建树而出迁为广东省参政。刘基一直有“偾辕”之忧的胡惟庸专相，刘基感叹道：“使吾言不验，苍生福也。”因忧愤而病得更加严重。洪武八年，刘基卧床不起，胡惟庸表面上示以友善，派医生来为刘基诊治服药，后来感到腹中如有拳头大小的石头一般。刘基于是将这一情况禀告朱元璋，但没有引起朱元璋的重视，从此病情更加沉重。朱元璋看到刘基病已垂危，于是作《御赐归老青田诏书》，特敕其归老桑梓。在此诏书中，朱元璋对刘基作了生前的最后一次评价，一方面认为他的诸种陈情“百无不当”，肯定了他随其征伐四方，摧坚抚顺的襄助之功，另一方面，对刘基的言辞之中透出丝丝凉意，不但直接以“尔刘基”相呼，而且对谈洋之事的猜忌并未消除，并且说“若愚蠢之徒，必不克己，将谓己是而国非”。对于夺禄的处分，并未纠妄。因此，刘基虽然能够落叶归根，但是，带着这一份诏书，些许沉重，些许遗憾，刘基的心情不难想见。

殂落之谜

刘基归里一月即去世。其死因众说纷纭，有说是朱元璋暗示或指使胡惟庸所为，有说是胡惟庸直接指使医生毒杀了刘基，也有说刘基病笃而死。对此，朱元璋也认为是胡惟庸挟医所害。他在洪武二十三年（1390）与刘基次子刘璟的谈话中也曾数次提及刘基的死因，他说：“刘伯温是个好秀才，吃胡陈蛊了，那胡家吃我杀得光光的了。”又说：“你父亲吃胡家下的蛊药，哥也吃他害了。”“后来胡家结党，他吃他下了蛊，只见一日来和我说：‘上位，臣如今肚内一块硬结怛谅着不好。’我着人送他回去，家里死了。”

刘基的死因虽然是数百年之前的一个悬案，但他被胡惟庸派医者毒杀而死也是完全有可能的。一方面，胡惟庸毒杀一事是洪武十二年（1379）十二月，御史中丞涂节状告胡惟庸谋反时，一并提出胡惟庸使医毒杀刘基一事，对此，《明太祖实录》《明史·汪广洋传》等都有记载。而涂节本为胡惟庸的谋主，见事不成才主动告发的，涂节当是知晓详情的关键人物，这是有明确史料记载的。而其余两种可能都是后人推测的。另一方面，就胡惟庸的性情来看，毒杀刘基是完全可能的。当时胡惟庸炙手可热，乃至于“生杀黜陟不奏而行”。刘基与徐达对其奸邪的行为颇为不满，当胡惟庸知道了刘基与朱元璋论相的内情后，对刘基更加忌恨，刘基与徐达是他擅权的重要障碍。谈洋之事所谓“王气”的构陷，本意就是欲置刘基于死地的阴毒之招，只是因为朱元璋念及刘基辅佐多年的旧情，才仅夺其禄而保留名爵。根据胡惟庸凶狡恣肆的性格，很可能不会就此罢休。如果使用慢性蛊毒，哪怕是易使病情加重的药物，就会使刘基病笃而终，而并不会留下任何痕迹。

不管刘基死于何种原因，与明初的大部分勋臣相比较，刘基能够全躯而终，能够共话儿孙，诀别乡邻，这已是十分难得的了。刘基的去世，使得朝廷中再无耿介之士为朱元璋提出说直的建议了。在绝对皇权的威势之下，群臣们噤若寒蝉，朝廷上已一片喑然。刘基临终“修德省刑”的忠告朱元璋并没有采纳，历史上罕见的杀戮功臣的大幕已逐渐拉开。

刘基死后，葬于南田石圃山麓的夏山之上（位于今南田区西湖乡西陵村）。明正德九年（1514）加赠为太师，谥文成。

第 2 章

刘基的思想

究天人而唯实的哲学思想

刘基兼综博洽，学宗多元，这使得他的哲学思想也呈现出多元复杂的局面，乃至于学术界对其哲学思想的基本特征也有不同的评价。争论的焦点主要局限于唯物、唯心的属性，其实我们并不需要胶着于这样的价值判断。刘基的哲学思想是深深地植根于中国传统思想的土壤之中的，我们需要注意的是刘基何以继承与发展了传统哲学思想的命题，有哪些新的建树。我们认为，刘基的天道观、方法论都体现了即事明理的思想特色。刘基谈理论性，继承了宋元以来哲人们关于天道人性的基本命题，体现了提倡人的精神自觉的理性主义哲学传统；同时，刘基的哲学思想又深受道教影响，具有向两汉神学复归的痕迹。

理气不碍的天道观

刘基生活在理学作为统治思想的时代，少年习举之时即从郑复初论学，得濂洛之学。刘基的哲学思想也是基于理学的基本命题尤其是理与气的关系进行讨论的。理气关系贯及天道人性，刘基说："天之质茫茫然气也，而理为其心，浑浑然为善也。善不能自行，载于气以行。"刘基将"理"视为至上、至善，是天之心。而"气"是载理而行的工具。与理"浑浑然为善"的性质不同，气是"生物而淫于物"，因此而"有邪焉"。同样，在人性方面亦是如此，他说："人也者，天之子也，假于气以生之，则亦以理为其心。"恶人是因胜过理的邪气而生。显然，刘基秉承了濂洛心法，肯定了理的至善性。

另一方面，刘基对理气关系又有自己独特的理解。他论说的"理"并不是朱熹等人所说的弥满六合，其大无外，其小无内的最高的哲学范畴。刘基论及"理"的频率并不高，并且含义十分抽象。刘基所论的"理"，主要限于道德判断，"理"是寂然不动的，并不直接具有生化万物的功能，而最为活跃的则是气、元气，运动、生化的是气而非理。气是神变莫测，生化万物的。他说："夫神也者，妙万物而无形，形则物矣。是故有形而有质者，有形而无质者，有暂者，有久者，莫非气所为也。气形而神焉，形灭而神复气。"气是生、物、鬼、神等林林总总的万事万物产生的基本元素，即使是往往被视为天神的体现的雷，刘基也认为是气之所为，当有人问刘基，雷是神所为，而不是气时，刘基决然地说："否。""雷与神皆气之所为。"气是无所不能为的变化的主体，是"忽而形，倏而声，为雷为神，或有或无，不可测知"的，因为气变化不定，而被视为"神"。被雷击在古代最难以解释，且最易为神学家附会出神学解说，对此，刘基依据"气"，作出了近似科学的解释，他说："雷者，天气之郁而激而发也。阳气团于阴，必迫，迫极而迸，迸而声，为雷光、为电，犹火之出炮也。而物之当之也，柔必穿，刚必碎，非天之主以此物击人，而人之死者适逢也。不然，雷所震者大率多于木石，岂木石亦有罪而震以威之耶?"刘基对于雷的成因解释，打破了传统的神学束缚，继承了王充等人的思想传统，达到了自然哲学的最高境界。

在论及气与天地的关系时，刘基认为："有元气乃有天地，天地有坏，元气无息。"天地同样是因元气而成。可见，"气"在刘基的哲学思想中，是天道运行的基本要素。虽然刘基以"理为其心"，使理凌驾于气之上，但是，这种凌驾或贞定，主要是一种伦理的贞定、善恶的判断，而不是生成次序、生成因果方面的主宰。因此，刘基天道观中的理气关系不能仅仅以唯物、唯心的简单判断进行评价。我们应该看到的是刘基天道观中气所蕴含着的生生之学。这就是程明道引述《诗经》中所说的“於穆不已”的生化境界，不过，刘基哲学思想中所体现出的“於穆不已”的实体则是气，而非宋代理学家们所说的“理”。

至于万物之灵的人，刘基认为其作为天地自然的一部分，也是秉气而成。他说：“天以其气分而为物，人其一物也。”又说：“天以阴阳五行为人也，阴阳五行之精是为日月木火土金水之曜，七曜运乎上而万形成于下。人也者，天地之分体，而日月木火土之分气也。”“夫气，母也，人，子也。”刘基认为人乃气之分，又认为是天地之分。“天”似乎是人的本原，但是，刘基认为的“天”并不是神秘之天，他说“有元气乃有天地”，可见，刘基在天人关系方面，并没有陷入神学的窠臼。

不难看出，刘基的天道观与本体论方面，虽然主要依循着理学的命题而展开，但带有鲜明的生生不息的动态色彩。同时，在自然哲学方面，刘基还作了近乎科学的探索。

即事明理的辩证方法

与其天道观相联系，刘基哲学方法论带有明显的即事明理的色彩。刘基鲜有系统的哲学理论专著，但他的《郁离子》与《拟连珠》都将深刻的社会人生哲理寓于形象的描述之中，于形象机敏的言辞中透露出幽妙的意趣，体现了浙东学派“教人就事上理会，步步着实，言之必使可行，足以开物成务”的学术取向。

刘基的哲学方法论体现了鲜明的辩证色彩。如他论及自然界的运动规律：“蓄极则泄，闷极则达，热极则风，壅极则通。一冬一春，靡屈不伸；一起一伏，无往不复……一昼一夜，花开者谢；一秋一春，物故者新。”同样，社会、人生中也充满着辩证的火花，如他论德刑关系，说：“刑，威令也，其法至于杀，而生人之道存焉。赦，德令也，其意在于生，而杀人之道存焉。”他的为官之道，就是依凭着这样的方法论原理，他在《官箴》中说：“治民奚先，字之以慈；有顽弗迪，警之以威。”刘基辩证的方法还体现在丰富的人生哲理中，如他说：“善疑人者，人亦疑之；善防人者，人亦防之。”等等。刘基的哲学方法论还经常通过反面的事例来说明。如刘基主张以全面的、分析的方法看待问题，反对静止、片面的观点。他叙述了这样一个事例：罔与勿两人种地，因为草太多，罔用火烧的办法来消除恶草，结果庄稼被烧死而草生如初。勿则采取了不同的方法，将庄稼与草都留下，结果粟长成熟而为粮，草则长成为稗。罔与勿两种不同的种田方法，导致了两种截然不同的结果。刘基的寓言体散文《郁离子》多蕴含着丰富的哲理，往往同一故事具有多方面的内涵，并非简单的理性概括所能穷其精奥，而尤以人生、社会等方面的方法论哲学思想为多。就表现的手法而言，刘基鲜有空洞的理论说教，而是即事以明理，通过生动的故事揭示丰富而深刻的哲理，这与他学术思想的致用特色是完全一致的。

圣人识天、盗天的认识论

在认识论方面，刘基的创制更为丰富。刘基认为，天是可听可视可及的，这与他认为有元气乃有天地的天道观有直接的关系。作为具有某种客观性特征的“元气”，全无非理性的色彩，通常为神学家们所神化的“天”，在刘基的哲学思想中失去了神学色彩。因此，刘基自然地认为天道是可以被认识的。当然，认识的主体是圣人。他认为天之行，圣人以历纪之；天之象，圣人以器物验之；天之数，圣人以算法穷尽之；天之理，圣人以《易》经穷究之。大凡耳之所可听，目之所可视，心思之所可及的内容，圣人搜集起来，可不使其有丝毫的遗漏。虽然刘基对认识主体还具有一定的局限，但是，承认天可被认识以及详述了认识的途径与手段，这都是刘基哲学思想中颇具独创性的方面。

更重要的是刘基对于天人关系的独特理解。在刘基的哲学视野中，天不但是人类的认识对象，还是人类的实践对象。但是，这与荀子所说的“制天命而用之”，过分强调人类的有为作用，打破了天人和谐的观点不同，刘基认为，“天以其气分而为物，人其一物也”。因此，人并不能凌驾于天之上，人与物一起都是天之分。基于这样的价值观念，刘基对天与人的关系有全新的认识，提出了十分可贵的命题，他说：“人，天地之盗也。天地善生，盗之者无禁，惟圣人为能知盗，执其权，用其力，攘其功而归诸己，非徒发其藏、取其物而已也。”在天地自然与人的关系方面，刘基认为，得天地之分的人应该从属于天地自然，依循于自然的规律，尊重自然的规律，天地是主，而不能反客为主。人类对自然的索取，不应取之而无厌，应该执其权，有其度。

刘基认为圣凡之别的一个重要标志就是圣人能守其度，如上古的伏羲、神农氏等善盗者，他们率民众春而种，秋而收，因时而利生。高处建房屋，低处筑池，见水而行舟，见风而用帆，这样按天地自然的规律，执其权，用其力，就可以取之不尽。而庶人则不知，不能执其权，各以其所欲而取之，以至于遏天地之机，逆天地之气，暴夭天地之生息，使天地无所施其功，也就是说使天地丧失了生生不息的能力，最终的结果则是“物尽而藏竭”，“其出也匮”。到了这种地步，天地也对其没有办法了。在这里，刘基不但提出了因乎自然而用之的天人和谐的观念，同时，还将人类利用自然视为“盗”，含有尊重自然、爱护自然、用而有节的思想。另一方面，刘基还注意到了“天之盗”与“人之盗”之间的关系，他有诗云：“古人盗天地，利源不可穷。今人盗农夫，岁莫山泽空。”刘基期冀于“遏其人盗，而通其为天地之盗”，也就是说要合理利用资源，而不要朘剥百姓。显然，主张尊重自然、合理利用自然、天人和谐的观念具有重要的现实意义，也是古代思想中具有现代性意义的思想因子，是刘基哲学思想的重要创获。

“必有见于行”的知行观

在知行论方面，刘基继承了永嘉之学的传统，主张知必有见于行，“行”是其知行观的核心，而与空谈性理的理学家迥然有异。如他认为圣人作经明道，并不是要逞文辞之美，并不是要夸耀于后世，因此，后世的学者应该诵其言，求其义，“必有见于行”。虽然言辞顺达，但验之于事，偭焉而背驰，则“虽有班、马、扬、韩之文，其于世之轻重何如耶”？值得注意的是，刘基将现实实践视为检验经典是否正确的唯一标准，这是具有重大理论意义的论断。虽然表面看来，刘基仅是以班、马、扬、韩等古代名家作品为例，实质上则是对作经明道的圣人以及所作经典的质疑，这在正统的封建时代几乎是荒经蔑古的离经叛道之辞。后世的李贽即是因为认为“六经”、《论语》、《孟子》或不是圣人所作，或是圣人对懵懂弟子、迂阔门徒们因病发药，随时处方，而被视为名教之罪人。刘基与李贽所论的程度虽然有别，措辞的力度也不同，但是，他们都对经典的真理性提出了质疑。只不过李贽是从经典的形成角度，刘基则是从经典的验证角度阐述而已。如果说李贽对经典形成的描述还带有几分主观臆想，那么刘基在“必有见于行”方面的理论阐释，虽然有荒经蔑古之嫌，但在理论上是无懈可击的。因此，刘基并没有像李贽那样受到正统学者的苛斥，但就其在思想史上的理论价值而言，恰有异曲同工之妙，是具有启蒙色彩的思想创制。

当然，刘基主观上并不是要质疑经典的至上性，因为经典也是经过长期的历史淘洗而保留下来的古代思想文化精粹，因此，刘基也主张学习经典，师法圣贤。但是，刘基所理解的圣人与经典是可学而得的，并非超然于现实世界之外的神。在这方面，刘基秉承了宋代理学提出的圣学而可及的路向。刘基也说："夫学也者，学为圣人之道也。"但是，刘基关注的重点并非成圣与否，而是"学成而以措诸用"，这是与宋明理学的成德之教截然不同的路向。学习并非首先为了道德的完善，而是学以致用。这同样体现了刘基承续永嘉学风的思想特质。

可见，刘基的哲学思想一方面受到濂洛心法的影响，也是以理学的基本命题展开的；另一方面，具有明显的致用特征。刘基关于"天地之盗"以及提出将圣人经典验之于事的思想，不但具有现代性的光彩，而且，在中国思想史上也是振聋发聩之论，具有鲜明的特色和重要的理论意义。总之，刘基的哲学思想以探究天人关系为核心，以唯求符合事物本真为旨归。

以德养民、明辨夷夏的政治伦理思想

刘基是一位经历了元明鼎革之变的政治家、思想家，他的事功勋业以及弃元佐明的经历是其一以贯之的政治思想使然。刘基的政治伦理思想深受儒家思想影响，并具有鲜明的个性特征。

以德养民的民本思想

民本思想是儒家思想的重要内容之一，刘基继承了传统思想，并为其注入了新的内涵。民本思想是刘基政治伦理思想的精要，并是其为政实践的理论依托。

关心民瘼、心忧百姓的自然情感是刘基诗文的主基调。诚如其诗中所说，“虽非济时具，颇识素餐心”，“慨怀黎民忧，妄意古人企”。刘基体恤百姓的情感是其民本思想的具体体现。这就是在经济方面主张民足而后国富，他说：“国不自富，民足而富。”“国以民为本，而民以食为本。”刘基认识到国以民为本，而民本的首要体现是使百姓在经济上富足。要实现这样的理想首先在于统治者实行王道政治，他说，“惟民食为命，王政之所先”在于各级官吏廉洁为民，轻徭薄赋，他在诗中曾有这样的感叹：“安得廉循吏，与国共欣戚。清心罢苞苴，养民疗国脉。”对于因种种不法行为而导致的财富严重不均，“厚利入私家”的现象，刘基提出了均平的思想：“推余补不足，兹实王政始。”这是他政治思想中的又一闪亮点。均平思想一般出现于农民起义的大旗之上，而历代的思想家们讨论实现王道政治，一般都限于轻徭薄赋、使民以时、修德省刑等方面。刘基所论堪称骇俗！

官员勤政廉洁与否，是能否实现王政的关键。他对尽心奉公、务在惠民的洛阳令王涣表示由衷的赞叹，有诗云："贤哉洛阳令，卓鲁相继踪。摘奸若明神，外猛中有容。正狱除烦苛，平赋宽畸穷。黎民拜恩惠，吏率服至公。"但是，现实则是贪官污吏肆意搜刮百姓，"腹剥图身肥"。由于贪纵成风，清廉自守的官员往往受到贬抑，无所不取的贪官则可以飞黄腾达。在《郁离子·千里马·蜀贾》中，刘基就描写了一个清正廉洁的官员竟然得不到上司的信任，解职归里时连租船的钱也没有，反倒被众人嘲笑。而贪官则因为巴结了上司而得到升迁，被众人称道。刘基的民本政治观念常常是通过对现实的批判体现出来的。

刘基认为，统治者以德养民，不但体现在让百姓从经济中得到富足，同时，还要尊重百姓的权利，尊重百姓的自然欲求。他曾以鸟兽为喻，说，鸟兽本以山林为家，山林为乐，而将其关在笼子里，则"非其情也"。要使其得所欲好而无违，如果不能得其所，不适其性，则会死去的。人性与鸟兽之情其实是相通的，不可"欲夺其所好，遗之以其所不好；绝其所欲，强之以其所不欲，迫之而使从"，如果这样则不能心悦诚服地听从。同时，德政还需要实现言路畅达、言论自由。他以周、秦截然不同的国运为例进行了分析："天不掩匿而神人之道不睽，君不忌言则上下之情无蔽。是故周史陈诗而八百其年，秦令禁语而一二其世。"可见，刘基的以德养民具有丰富的内涵。

刘基政治思想的一个特色体现在对君臣关系的论述上。君臣关系是封建政治关系中的重要一环，臣是辅佐君主治理国家的不可或缺的助手，是君权的延伸，是沟通君与民的中介，对于君主的政治意图的执行具有十分重要的作用。对于君臣关系，先秦思想家们的看法并不一致，如韩非即认为君主有制约臣子的绝对权威，君主可以对臣子非其行、诛其身。而荀子则认为，当君主做错误的事，定错误的计划，并将危害到国家利益时，臣子应该敢于违抗君命。而孟子甚至提出可以废黜昏庸的君主，认为国君犯了大的错误就要进谏，如果反复进谏而国君不听，则可以更换国君。孟子认为这是从道之举。但是，随着君主专制制度的建立，君权的观念也逐渐强化。一般认为，君臣关系中，君拥有制约臣的绝对权威，如朱熹就认为，易位之举只有“体道者”，也就是圣人才可以使用。君为臣纲也成定谳，君臣关系主要是君主臣辅、君尊臣卑的关系。

如何处理好君臣关系？刘基提出了自己的见解，他说：“以道事君者，忠之大也。”刘基的这一观点虽然还是为了维护绝对王权，但是，以“道”作为忠君的前提无疑是对君为臣纲的一种进步。“道”无疑含有真理、规律的内涵，也就是说，忠君是以服从真理为前提的。“以道事君”蕴含着的潜台词则是忠于守道之君。刘基的这一思想在专制制度强化之时显得尤为珍贵。天崩地解的明清之际，黄宗羲等人对君主的“无道”进行了痛快淋漓的揭露，指出他们敲剥天下之骨髓，离散天下之子女，因此，君实为天下之大害。黄宗羲等人对君主制的尖锐批判，虽然远祧了先秦民贵君轻的观念，而刘基以道事君的思想也是明清之际启蒙之论的重要铺垫。

刘基的夷夏观

刘基生活在元明鼎革之际，元代是蒙古族入主中原的时代，虽然在元代无论是蒙古族统治者还是汉族知识分子，对于夷夏的认识都较此前更加宽博，但夷夏之别仍然是当时士人们首先面对的现实问题。在这样一种复杂的政治社会背景之下，刘基何以理解这一问题？这是刘基政治思想中颇耐人寻味的课题。

《至顺癸酉会试春秋义》和《春秋明经》是刘基讨论这一问题最为集中的作品。其中前者是他至顺癸酉科（至顺四年，1333 年）会试之作，科场搏击，思想的表达不免有一定限制。而《春秋明经》则是刘基任江浙儒学副提举时所作，体现了他较为成熟的思想，其中涉及夷夏问题的至少有九篇之多，显然，《春秋明经》当是体现刘基夷夏观的主要文献。同时，学者们还注意到了《郁离子》中表现出的与传统夷夏观不同的思想境界。值得我们注意的有以下几个方面：

明辨夷夏。这主要表现在《春秋明经》之中。与先秦两汉时期“尊王攘夷”的思想包含着“用夏变夷”，推行王化政治于外邦的内涵不尽相同，刘基认为：“华夷之势不两立，伯业衰则夷狄强。”认为郑国借强楚，背中国而事强夷，这是非礼不仁，与夷狄无异。而郑、许这两个诸夏之国交讼于楚庭，“以中国之君而听于夷狄之大夫”，这更是大逆不道的举动。可见，这一时期的夷夏观是明辨夷夏，而不是以夏变夷。

刘基明辨夷夏的前提是他对夷夏文化有不同的认识，他认为华夏乃礼义仁爱之邦，而夷狄不尚礼义。刘基对夷狄屡有鄙意，他说：“春秋之时，倚方漠之险，以冯陵诸夏者，楚也；据崤函之固，以抗衡伯国者，秦也；恃豺狼之爪牙，以逞其贪婪者，狄也。”在刘基看来，冯陵诸夏的夷狄都是不尚礼义的“豺狼”之属。夷夏势不两立正是建立在对夷狄极端鄙夷的基础上的。值得特别指出的是，刘基辨别夷夏的标准，主要不在民族，而在于礼义。可见，他的明辨夷夏核心不是民族问题，而主要是以“礼义”为核心的政治伦理问题。

分析“夷夏盛衰之大机”。刘基别夷夏之分其实是对所讨论的社会状况发出带有某种感性色彩的判断，原因即在于社会的现实是由诸夏傲睨外夷，而变为外夷猾夏，中国失御侮之道。正是在这样的背景之下，刘基反对外夷接触周礼，学习中原文化，这样便可以使其永远落后，而无“猾夏”之虞。刘基讨论夷夏，更重要的目的是要分析外夷猾夏的原因。在他看来，外夷之所以驳驳渐强，是由于“中国不振而已”。夷夏的盛衰变化，根本原因在于诸夏内部，因此，刘基认为“夷狄猾夏未足忧，而中国之衰为可忧”。刘基认为，“中国之衰”最为重要的表现是不守礼义，诸侯不遵守礼义，便将自己等同于夷狄。他从不同的方面列举了化夏为夷的诸种行径：“变讨罪之师为成乱之会，是举诸侯而为夷狄之行矣。”“观远臣以其所主，弃中华之礼义而附夷以为安，夫何社稷之能守哉?”“宋相嗣兴，不知安夏攘夷之义，而求诸侯于楚，盟鹿会盂，开门延盗，遂使楚执宋公以伐宋。”这种种非礼不义之行，最终使中国衰弱而夷狄兴起。刘基通过考察夷夏盛衰之大机，得出的结论是：“诸侯修睦以事天子不敢失也，而后蛮夷顺令以事中国不敢违也。”不难看出，无论是刘基的明辨夷夏，还是分析“夷夏盛衰之大机”，都是着眼于消弭诸夏内部的矛盾，以礼义修睦为契机，使中国强盛。因此，刘基表面上是论夷夏，实质讨论的主要是诸夏如何实现王道政治问题。

值得指出的是，夷狄与诸夏并不是严格意义上的种族或民族概念，内涵也是可变的，夷狄也可进于爵，中国也可能退为夷狄。因此，华夏之辨很大程度上是一种伦理文化，是文明程度之辨，刘基以“礼义”作为夷夏之“大机”正体现了这一点。因此，理解了刘基论夷夏的含义，即可看出，刘基的夷夏之辨对于促进落后的民族学习先进文化，促进人类文明的共同发展也不无意义。理解了他辨夷夏的目的主要是强化诸夏的伦理政治，我们就不难理解其在《郁离子·神仙》中表现出来的更加宏阔的夷夏观：

> 海岛之夷人好腥，得虾蟹螺蛤，皆生食之。以食客，不食则咻焉。裸壤之国不衣，见冠裳则骇反而走以避。五溪之蛮，羞蜜唧而珍桂蠹，贡以为方物，不受则疑以逖。郁离子曰：“世之抱一隅之闻见者，何莫非是哉？是故众醉恶醒，众贪恶廉，众淫恶贞，众污恶洁，众枉恶直，众惰恶勤，众佞恶忠，众私恶公，众嫚恶礼，犹鸱鸮之见人而嚇也。故中国以夷狄为寇，而夷狄亦以中国之师为寇，必有能辨之者，是以天下贵大同也。”

刘基从另一个角度提出了不同的夷夏观，这就是：夷夏之别都是本于各自主体的一隅之见，高下优劣都是站在各自立场上的分判，并不客观正确。而超越于夷夏之上，实现天下大同则可消弭夷夏之别。刘基在《郁离子》中表现出的夷夏观虽然并不如《春秋明经》中那样具体详密，但显示出了一种全新的思想路向，与中国传统的夷夏观明显有别，也比《春秋明经》的立足点更加高远。刘基这是在不分尊卑的基础上实现民族的和谐共存，多元共生。这是颇具现代意义的民族思想，也是刘基夷夏观中弥足珍贵的一部分。刘基的这一“贵大同”的思想形成于元末弃官归里之后，这一时期他对元代社会的民族关系有了深切的了解，认识到民族间并不如传统所认为的那样高下悬殊。就其思想渊源来看，刘基所谓“天下贵大同”是建立在庄子齐物论的思想背景之下形成的，而与传统儒家的大同思想尚存在着一定的差别。正是刘基兼摄了道家思想，才使得其夷夏观最终走出了传统的圈圈，呈现出一种全新的面貌。毋庸置疑，刘基超越夷夏而贵大同的观念对于促进民族融合、共同发展具有积极的意义。

教为政本的教育观与以道养贤的人才观

刘基不但被誉为“渡江策士无双”，对于朱元璋谋定天下起到了重要的作用，同时，还被誉为“开国文臣第一”，其“文臣”之称，不但是指其诗文在元末明初形成了昭著的影响，同时，还是因为他对明代的文化制度建设起到了重要的作用，其中，教育、人才思想对于明代社会的影响尤其深远。

教育思想

刘基认为教育是政治的根本。他说：“教，政之本也。知本始知政矣。”他认为，重教的社会必然是民风淳朴、官员勤政清廉的治世，即教育是“治道之本”。如果说刘基的教为政本的观念得于贾谊所论，那么，他与贾谊不同的则是，贾谊强调教为政本，是说通过教育以实现清平的治世，激发起民众的积极性，使国家物产丰盈，最终使君主快乐。可见，贾谊的教为政本论最终的归宿在于君主。而刘基则不同，刘基的教为政本论是要实现治道，最终的目的在于国和民。刘基对教育的重视不但体现于他在元末担任儒学副提举、行省考试官的行履之中，更重要的是将其融入明初的文治政策之中，并对朱元璋产生了直接的影响。经过多年的战争，明朝初建之时，急需各方面的人才，因此，明初大建学校，使“无地而不设之学，无人而不纳之教”。朱元璋诏谕中书省时提出“治国以教化为先，教化以学校为本”，与刘基教为政本的思想完全一致。就教学内容而言，刘基也是以教人成德、教人作圣为核心，这样才能淳化民风。他认为，圣人是人伦的极致，圣人对社会教化能产生巨大的作用。刘基认为，从太峰到孔子，出现了很多的圣人，他们都以道德被于民物，影响于社会，垂诸后世。而孔子出现后，更成为教育的典范与准则，如果没有孔子，“师不知所以教，弟子不知所以学，往古之言行无所折中，而人不知轨范，故至孔子而后在中之论定，亘古今，弥天地不可易也”。可见，刘基认为教育的目的，首先在于教人成圣。他认为，元代的教育主文墨之教，或华而不实，或仅可作刀笔官司之用，并不能实现人格的提升、道德的超越。

刘基所说的“学校以教民明人伦”的另一重要内涵是重在教“民”，也就是重在社会教化，而不仅仅是培养人才。刘基教“民”重德的教育观念，与其德刑关系之论相联系。他认为，民所以敢于犯法，是因为不知道人伦，当圣人之教流行之时，人伦道德便能昭明于百姓，百姓则无不爱其亲，而不敢做不义之事以自暴，士人则无不知敬其君，而不敢自私以债国事。这样，盗贼就不会产生，更不会滋蔓风行。因此，刘基的德教论目的在于治平。事实上，他的这一思想在明代的教育制度中得到了充分的体现。明初荐举即以德行为本，而文艺次之，以聪明正直、贤良方正作为荐举八目中的首两目。明代科举也以儒家教化经典朱熹的《四书章句集注》作为标准，这都体现了刘基重视德教的思想。

刘基的教育思想是重德而致用的，他特别强调士子们要学成措诸用，提出读书不可迂，检身不可疏。刘基重践行的教育观念同样在明初的教育制度中得到了体现。明初教育的一大变革是历事监生制度。这一制度要求国子监的学生不但要坐监，也就是在监读书，还要历事，也就是在监外进行政事历练，将监生分派到六部练习政务，熟悉公文，六部考察其勤惰，教习其政务。坐监与历事根据情况与需要相辅进行，时间灵活，目的是力求学以致用。刘基的教育观念在其中得到了充分的体现。

刘基重教的观念在明初的科举制度中同样得到了体现。明初选拔人才与学校教育紧密结合在一起，这与唐宋以来选拔人才独重科举、轻视学校教育的情形明显不同。据史载，明初科举必由学校，而学校则可不由科举。这集中体现在明初的学校盛行贡举制，尤其是国子监，成为培养和直接输送中高级官僚的重要场所，监生可以直接选授官职，甚至一度超过科举。洪武十九年（1386）就曾挑选监生千余人送到吏部，任知州、知县等职。明初的重教之风与科举制度的莫衷一是形成了较大的反差。

人才观念

古人认为教育的目的有二：一是“善乡俗”，二是“育人才”。可见，培育人才是教育的重要内容之一，刘基十分重视教育培养人才的功能。同时，他的人才观念还具有鲜明的政治色彩，以至于刘基由仕元到佐明的转变也与其人才观念有直接的关系。林富在《重锓诚意伯刘公文集序》中就论及，刘基在元末沉于下潦，其志郁郁而不得申，其才积而困于无处施。因此，他发出了有才不用空男儿的悲叹。而朱元璋则能够派孙炎礼聘，并且专门筑礼贤馆以相待，用人环境发生了很大的变化。刘基深切的人生体验，促使其提出了一系列富有创建的人才思想。

刘基认为，发现人才、使用人才必须不拘一格，对人才的品评、判断不能局限于人才的身份、种族等因素，而应根据人才自身的品格、才华来判断。刘基最著名的作品《郁离子》中具有丰富的人才思想，并且以《千里马》开篇，其中的寓意不难想见。在《千里马》中，作者说“马则良矣，然非冀产”，因此，将千里马置于外牧，作者借此表达了对元代用人制度中的种族歧视政策的愤怒之情。刘基认为，统治者能否任人唯贤事关国运的盛衰，对此，他通过两个结果迥异的寓言故事表达了这一思想。尊重人才而致国运兴盛的故事是：齐宣王喜好禽兽，以至于将桑麻之地辟为山林沼泽，以满足自己的喜好。而对人才则设置了种种架度，强迫他们做不能做和不愿做的事。最后，在盼子的劝导之下悔过自新，下令放掉禽兽，开放沼泽，与百姓共有，礼敬四方之贤士，并以盼子为相，齐国因此国力大增，远远超过了秦楚，成就了霸业。因不珍惜人才而致国运殆危的故事则是：越王大宴群臣时说，吴王夫差失败是因为把伍子胥杀掉了。群臣都没有回应，而大夫子余坦率地进谏说，现在君主杀了大夫文种，使范蠡出走，以致四方之士掉头不敢南顾，越国也没有杰出的人才了，因此，越国也有步夫差后尘的危险啊！可见，能否尊重人才，不分种族、国别地使用好人才事关国家的前途。

对于人才，刘基认为不可求全苛责。因为圣人是常人难以企及的规范，即如孟子也仅得“亚圣”之称，不但孔子之后再没有公认的圣人，就连才全德备的“大贤”也十分鲜见。而对于大贤之外的贤者，虽然刘基没有系统地正面论及，但是，他对于贤能之才有自己的理解，认为人非大圣，鲜有全才。君主如果想要任用贤能，当如用器，要避其短而用其长，才能克奏其功。因此，骏马用来运磨，尚不如蹇驴，宝剑干将、镆铘如果用来刈草，还不如镰刀来得锋利。可见，刘基所认为的贤者，并不一定是指此人具有完美的人格、完备的才能，具有某种专长的人才就属于贤能之人。与此相关，刘基认为选拔人才也应该唯长是举，使用人才也要充分使用其长处。一只眼睛的人可用来看准，五毒之石可以用来治溃疡。穰苴统率军队，勇敢、贪求乃至愚钝的人都可以得到合理的利用；鲁班建筑大厦，各种木材都能根据质地得到合理的使用。在刘基看来，真正善于使用人才的人，能够化腐朽为神奇，具有点铁成金之效。同样，真正拥有人才，并不是指将人才招至麾下而已，而要看是否能够将其用在合适的位置，“用得其当谓之得人，用失其当谓之失人”。刘基还认为用人者要将使用人才与培养人才结合在一起，不但要用其长，还要教他不知道的知识，并且不以我所知道的知识而责备他。

是否是人才，还要通过实践来检验。现实生活中不乏人才自荐的形式，刘基虽然也肯定了自荐不失为发现人才的一个途径，但是，他更强调对人才要“试之事而能然后用之”。在《郁离子·枸橼·子余知人》中，他描写了这样一个故事：越王派大夫子余造船，船造成后，有一位贾人毛遂自荐，说自己能驾船，子余并没有听信他而任用他为船长。贾人到吴国，随王孙率去见吴王，并且说越国的大夫不会用人。有一天，王孙率与贾人一起游览大江。突然，狂风大作，江中的船颠簸不停，贾人对王孙率说哪条船将要被掀翻，哪条船不会翻，贾人所说无不一一应验。王孙率大为惊奇，因此向吴王推荐其为船长。越国的人听到贾人在吴国得到了重用，都为越国让人才流到吴国而痛惜，纷纷责怪子余。子余则说："我并不是不知道贾人，我曾经与他相处过，这个人好夸夸其谈，说越国没有像他那样懂舟船的人。好自夸的人都太过看重自己；说别人不如自己的，一定是了解别人而不了解自己的人。现在吴国用了贾人，坏吴国事的人必定是此人。"越国的人都不相信子余的话。没有多久，吴国攻打楚国，吴王令贾人做巨舰余皇的舰长，浮五湖而出三江，气势十分宏伟，但没有多久就沉没了。越人于是对子余察人知人的本领十分信服。

刘基认为，对于人才，不能被表面的仪服、言语表象所迷惑。他曾通过这样一个故事阐释了深刻的哲理：工之侨得到一块很好的桐木，做成琴后，金声玉振，成为天下难得的美琴。但当工之侨将其献给太常时，太常认为这张琴形式不够古旧而退回。于是，工之侨请漆工在琴上漆上断纹，请篆刻工在琴上刻上古字，并将琴埋在土里，一年后取出来再献给朝廷，朝廷的乐官都感叹这是稀世的古琴。工之侨于是发出由衷的叹息，说："可悲啊，这世道，哪里仅仅是一张琴呢，世事无不如此啊！"刘基以琴喻事、喻人，唯求"试之事"，这也是他务在致用的哲学思想的必然结果。

刘基认为，用人者只有心怀仁德，贤能之士才能向慕而来。他说："以道养贤，则四方之民听声而来；以德养民，则四方之贤望风而慕。"当然，以道养贤还包含创造良好的用人环境，尤其是君主要远离嫉妒贤能的小人。刘基描述了这样的故事。楚王对陈轸说：“我对待人才可以说是尽心尽力了，但是，天下贤人为什么还不到我这里来为我效力呢?”陈轸回答说：“我年轻的时候曾经到燕国去，在街上住宿，在一排旅店中，只有东面的一家最好，各种用具无不具备，但是旅客很少，一天不过一两个，有时一整天都没有一个。问一问原因，才知道这家养了一条凶猛的狗。那么，楚王你的门庭是否也有这样的凶狗呢？因此贤者难以上门效力啊!”刘基通过生动的寓言形象地表达了丰富的人才思想，其中既有他的理性思考，也包含他在元末屡遭顿挫的人生感喟。

德胜为本与首倡卫所的军事思想与实践

刘基为朱元璋成就帝王之业作出过重要贡献，或提出攻略次第，或屏人密语，筹划于帷幄之中，这一切，都源于刘基具有丰富而深刻的军事思想。当然，署名刘基的著作甚多，其中与军事有关的著作就有《百战奇略》《神机致理兵法心要》以及专论火器、军械的《火龙神器阵法》等。但是这些著作大多是托名之作，他的军事思想主要体现在军事践履以及《诚意伯文集》等著作之中。

用兵思想与策略

德胜为先。刘基主张为政的最高境界是以道德感化，其次才是行政手段。他说："太上以德，其次以政。"与其相联系，刘基也认为德是治军克敌的上策。刘基认为，在纷乱之世，德胜者可以赢得天下归心，德是克敌制胜的法宝。对于德在军事斗争中的作用，刘基有系统的论述，他说："大德胜小德，小德胜无德；大德胜大力，小德敌大力。力生敌，德生力；力生于德，天下无敌。故力者胜，一时也，德愈久而愈胜也。夫力非吾力，人各力其力也。唯大德能为得群力。是故德不可穷，而力可穷。"

这里，刘基对德与力之间的关系进行了分析比较。一方面，德与力胜敌的程度不一样。以力胜敌，仅是一时之胜；以德制胜，则是长远的胜利。德的功效大于力，小德之效相当于大力。另一方面，德与力胜敌的效果不一样。德能够产生力，这是因为力是各自之力，而德可以得众人之力，因此，德可以产生无穷之力。相反，力则能够产生敌。在这里，刘基其实叙述了两种不同的力。一种是因德而产生的力，即德行之力，这种"力"与德行相伴，可以天下无敌。一种是与"德"并列的"力"，这种力是无德之力，会产生敌对的效果。这种"力"虽能逞一时之勇，胜敌一时，但最终不会长久。

这种德力关系的思想在刘基佐命期间的军事实践中得到了充分的体现。当陈友谅进攻金陵之时，刘基便建议朱元璋立德以御敌，提出“倾府库，开至诚，以固士心”，将赈民济贫，宣示至诚之意作为鼓舞士气、获取民众支持的手段和取得胜利的必要条件。同样，刘基提出将陈友谅作为首先攻取的对象，就是因为陈友谅与张士诚比较，陈友谅劫主胁下，后又弑主自守，名号不正，德行低下。因此，尽管其兵锋甚锐，但仍然将其视为首先攻取的“弱敌”。相反，朱元璋之所以能够以弱小之旅战胜强大之师，最终剪灭群雄，统一天下，与其十分重视仁德在战争中的作用有直接的关系。至正十九年，朱元璋曾诏谕诸将说，当年在进攻集庆时，因为军纪严明，对百姓秋毫无犯，所以集庆能一举而定。现在攻克婺州，也应该抚绥百姓，使民众乐于归附。如果真能做到这些，则尚未攻克的诸路，也必定能够闻风而归。朱元璋在一统天下的过程中，正是由于“不嗜杀人，布信义”，以德制胜，才能屡战屡胜，实现了其帝王之业。

论省敌。在《郁离子》中，刘基作有《省敌》一篇，提出了省敌的几种方法与境界。一是以仁德为本，不能随意树敌，轻率地诉诸武力，而应做到以德服人，“不使人我敌”。二是要善于利用诸种矛盾，最终“以我之敌敌敌”。当然，刘基认为省敌的最高境界还是“敌不敌而天下服”，这也就是以德制胜，不战而屈人之兵。刘基的省敌论还包含道家的哲学智慧，这就是莫为天下之敌。在《郁离子·省敌》章中，刘基作《聚天下者犹的》一篇，提出陈涉起义失败而刘邦取得天下，就是因为陈涉先起而为众的。他说：“陈涉先起而先亡，以其先自王以为秦兵之的也，故曰：不为事先，动而辄随者，不为的而已矣。”同时，莫为天下之“的”还包含不为强者之的，并善于将强敌引入其他方向，因势利导，避开锋芒，化解自身危机的意味。他认为，长平之战赵国之所以战败，韩国得以保全，关键在于韩国的上党郡守冯亭辞祸有术。当时秦国首先想夺取韩国的上党，但冯亭将上党归于赵国，赵国接受了上党，这样，赵国就成了秦国进攻之“的”，结果赵国大败，韩国得以保全。刘基“莫为众的”的思想在朱元璋完成统一大业的过程中得到了充分的实践。朱元璋及时采纳了朱升“高筑墙、广积粮、缓称王”的建议，在群雄之中称王最晚。而疆土日阔，实力日增，为定鼎之业创造了较为宽缓的外部环境。这固然与朱元璋的政治军事智慧有关，同时也与刘基的“省敌”论、朱升的“缓称王”策略不无关系。

总览全局的攻守方略。朱元璋最终能够成就帝王之业，在军事上最重要的抉择是先陈友谅而次及张士诚，而这一方略的首倡者是刘基，《明史·刘基传》有载：

太祖问征取计，基曰："士诚自守虏，不足虑，友谅劫主胁下，名号不正，地据上流，其心无日忘我，宜先图之。陈氏灭，张氏势孤，一举可定。然后北向中原，王业可成也。"太祖大悦曰："先生有至计，勿惜尽言。"

朱元璋所作的《御史中丞诰》中也对刘基的这一功绩推赞有加，说："用兵后先，卿能言之，朕能审而用之。"刘基的这一攻守献策视野开阔，高屋建瓴，显示了卓越的政治军事才秉，并在元明鼎革之际起到了重要的历史作用。

军事制度建设

刘基不但在群雄逐鹿之时为朱元璋贡献献谋，而且在制度建设以及军事技术方面都发挥了独特的作用。

首先，在制度建设方面，刘基同样具有首倡之功的是明代卫所兵制的设立。卫所制是明朝主要的兵制，这是一种以防御为主要功能的兵制，这种兵制将守备与屯田相结合，在重要的城镇和交通枢纽设卫，在北方重要的隘口设千户所。这种重防御的兵制是比较符合明代守备特征的。当时明代北部边防形势颇为严峻。明王朝建立后，元顺帝出奔上都，元军的主力仍然存在，尤其是能征善战的扩廓帖木儿、李思齐等将帅犹存。当时北遁的元军，主要是蒙古军与探马赤军，以流动性较强的骑兵为主。如果汉人军队大举进攻，对地形及沙漠的环境不如对方熟悉，且大军流转于沙漠之中，补给也颇多困难，往往疲于奔命，很难收到歼敌之效，且财物靡费极大。而明代实行了比较现实的卫所制度，克服了补给的困难。当时在险峻之地设烽埃，在旷远的沙漠设立哨马营。终明一朝，卫所制成为有效的御边兵制，可见，这是刘基提出的符合明代现实的军事制度。

卫所兵制实行寓兵于农，守屯结合，为明初经济的恢复发挥了重要作用。这一制度形式灵活，因地定制，其中，临边之地则守多于屯，内地则屯多于守。军屯的规模也十分巨大，全国约有八十九万顷，占全国耕地总数的十分之一。每军受田五十亩，由政府提供耕牛和农具，屯熟之后，每亩征租一斗，称为“屯田籽粒”。当时军屯的成效十分显著，尤其是康茂才率军屯最富成效。这在经济尚在恢复时期的明初，为军队提供了充足的军粮。

卫所兵制还为明代提供了充足稳定的军队，并加强了中央对军队的控制。明初的兵源主要来自四个方面：一是“从征”，就是随起义而起的军队；二是“归附”，也就是俘虏；三是“谪发”，也就是罪犯；四是“垛集”，也就是征集的兵员。复杂的军队来源影响了战斗力，并且随着天下初定，

“从征”“归附”的兵源已不复存在。因此，明初实行的卫所制实行军籍世袭，五军都督府掌管军籍，用兵之时则由皇帝任命将帅，兵部出符调兵，战事结束后将帅回朝复命，兵员仍归卫所。战时军事指挥权与平时军籍管理权的分开，强化了中央对军队的控制。明代的卫所兵制，强调军户世袭，使兵源得到了可靠的保障。刘基所倡的兵卫制，对于明初稳定局势、恢复生产起到了积极的作用。

除了卫所兵制以外，火器在军事活动中的作用日渐突出，还建立了独立的火器部队。明代军事活动中火器作用的加强，虽然没有刘基参与其中的直接文献依凭，但种种迹象显示，刘基与明代军队中的火器有密切的关系。现存署名刘基的文献中，有《火龙神器阵法》和《火龙经》两种。其中《火龙神器阵法》首有署名刘基的序言。而《火龙经》的情况比较复杂。现存最早的是永乐十年（1412）南阳石室刻本，分为三集。全集题为诸葛亮撰，刘基、焦玉校补。一集题为刘基、焦玉辑；二集题为刘基撰，毛希秉汇辑；三集题为茅元仪辑，诸葛光荣校。该书前亦有与《火龙神器阵法》相似的序文。从序文的内容来看，与《火龙神器阵法》一样，不太可能为刘基所撰。但与刘基并列署名的焦玉，其生平则依稀可寻。赵士祯在《进神器疏》中有这样的表述：“廷置神机诸营，专习枪炮，以都督焦玉掌管，是以武王超迈前王。”可见，焦玉是掌管神机营，即火器部队的官员。而将刘基与焦玉联名相署，也从一个侧面说明了刘基对火器是颇有研究的。刘基“鄙事”多能，对明代神机营的建立或许亦有密切的关系。

当然，论及刘基的军事思想，不能不提到署名刘基的军事理论著作《百战奇略》。该书曾引起较多的关注，20 世纪 60 年代初，有些单位曾将其作为军事战略的内部学习材料。研究者也常常以为是刘基所著。其中有一抄本，卷首刘基裔孙刘耀东写的前言，更述及该书受到了陈诚等人的高度重视。前言概云：“1935 年秋，国民党十八军某营驻南田，营副黄氏趁刘耀东侨居温州之机，私入刘耀东书房，将《百战奇略》抄本盗走。次年在刘耀东的再三函索催促之下，才寄还抄本，但战略百条，已半遭残阙。刘耀东后上告陈诚，陈诚以欲惩黄氏毁损之罪的借口，取去残本，然后又从黄氏家中得到了所抄足本。”

该书是一部以古代兵法为基本理论依托，广泛列举古代战例，总结分析古代兵法的著作，内容相当丰富，因此，颇受兵家重视。但是，根据张文才等学者考证，该书并非刘基所撰。该书原名为《百战奇法》。明代的诸家书目都著为《百战奇法》，如《文渊阁书目》《宝文堂书目》《古今书刻》《国史经籍志》等著录的卷数虽然有别，但都以《百战奇法》著录之。清代著录该书的更多，也以《百战奇法》名之。成书年代，明代茅元仪在《武备志》中明确指出其是宋代著作，而清代倪灿在《补辽金元艺文志》中，则将其列为元代的作品。根据现存的明弘治本《百战奇法》与今流传的《百战奇略》相比较，除个别字句略有差异之外，其余完全相同。而在明清的诸书目中，均未载作者姓氏，在明弘治本《百战奇法》李赞的序言中明确说，“书亡作者姓氏”。倪灿在《补辽金元艺文志》一书中，也明确说该书“不知撰人”。张文才先生更根据《百战奇法》中因避讳改动原文的地方推测，该书避北宋太祖赵匡胤之始祖玄朗，下及宋英宗赵曙，但并不避北宋最后一帝徽宗之讳，可见，该书是成于北宋英宗至徽宗之间的一部著作。而将其署为刘基所作，并改为《百战奇略》，则始自清代后期。清咸丰三年（1853），满人麟桂刊刻《水陆攻守战略秘书七种》，《百战奇略》列为第二种，并署为刘基著。麟桂在序言中说明了他刊该丛书是据游绕道人的刻本再次印行。而“秘书七种”中《天下沿海形势录》本是《海国闻见录》中的一部，成书于清雍正八年（1730），因此，将该书署为刘基所作，且改为《百战奇略》，则在雍正八年之后。对于作者，麟桂在前言中已明确地说：“此书题刘伯温作，盖亦托名。”不难想见，该书并非刘基所撰。后世之所以将其署名，也是因为他深通军事谋略使然。

我们讨论刘基军事思想时，不应将署名刘基而其实并无关涉的《百战奇略》作为文献依据。刘基因卓越而被神化，被神化的原因和内容固然有讨论的重要价值，但还他以历史真实，是研究刘基的基本点和前提。

有裨世教、理明气行的文学观

刘基被誉为“开国文臣第一”不仅是因为他诗文兼擅，成就卓异，同时，还因为他具有明确的文论底蕴。刘基的文论与其勋业文章并焕，深谙濂洛之学的理论背景具有密切的关系。他的文学观念主要体现在文学功能论以及文学本体论两个方面。

有裨世教的文学功能论

刘基是一位道德、事功、文章均十分杰出的历史人物，卓越的事功也使刘基的文学思想及实践烙上了强烈的现实色彩。他的文学思想与其作品交互作用，相得益彰，对明初文坛产生了重要的影响。概而言之，他主张文学当有裨世教、关注现实。

刘基在元明鼎革之际产生了重要的历史作用，他的人生志向并不仅仅在于文学，而是治平天下。他曾对王羲之的人生业绩发出这样的感喟："王右军抱济世之才而不用，观其与桓温戒谢万之语，可知其人矣。放浪山水，抑岂其本心哉？临文感痛，良有以也，而独以能书称于世，悲夫！"他认为王右军之悲在于仅以书称于世而未能发挥济世之才。从中可以透示出刘基是以济世为人生的最高目标，艺文之事也仅是济世拯民的手段而已。这一取向在他对元末文坛状况的不满中也可以看出，在《照玄上人诗集序》中他说："今天下不闻有禁言之律，而目见耳闻之习未变，故为诗者莫不以哦风月、弄花鸟为能事，取则于达官贵人，而不师古，定轻重于众人而不辨其为玉为石，昏昏饭收，此倡彼和，更相朋附，转相诋訾，而诗之道，无有能知者矣。"

刘基称颂的是一位方外之人——照玄上人。他不与当时诗坛唯求遣兴自娱的风气为伍，不但诗歌风格雄迈高峭，更重要的是其诗歌"忧世感时之情，则每见于言外"，因此，在刘基看来，照玄上人不以诗称于今之人，并不足怪。可见，刘基对于诗歌首重经世与现实。他还从诗歌发展史的角度，对美刺讽戒的现实精神进行了诠释，他说："《国风》、二《雅》列于六经，美刺风戒，莫不有裨于世教。是故先王以之验风俗、察治忽，以达穷而在下者之情，词章云乎哉。"对此，他还引述文献以说明诗歌的产生就是因为具有"上以风化下，下以风刺上”的功能。周天子五年一巡守，命太师陈诗，以观国风。如果作诗者都清虚浮靡，吟莺花，咏月露，而无关于世事，那么王者将不能通过诗以观世风。

刘基特别驳斥了朱熹所谓刺诗有“讪上”之嫌的观点。刘基采取宗圣的方法进行了分析，他认为，《诗经》中只有颂是宗庙乐章，有美而无刺。大雅、小雅是公卿大夫之言，而国风则多出于草茅闾巷、贱夫怨女之口，当时都采录不遗。变风变雅大抵多为论刺之作，还有直刺其事、直斥其人的作品，如《节南山》《十月之交》之类。如果这些作品有讪上之嫌，孔子在删诗时就不应该将其保存下来。后世对刺诗的否定，是不以圣人为范则而仅仅是一己之好恶而已，因此，不能以这种观点来言《诗》。

刘基所论，是针对宋代以来文坛怨刺之声消歇的状态而发的。刘基论《诗》，以独标“风”“刺”为特色，认为“诗人之有作也，大抵主于风论”，而不是以儒家“温柔敦厚”的诗教为范则，充分肯定了直刺事、人的《节南山》等作品的地位。虽然刘基的这一观点是承续了《国语》以及汉儒论《诗》的传统，并非其独创，但是，当宋代朱熹提出刺诗“轻躁险薄”而有“讪上之嫌”之后，文人论刺往往三缄其口。在这样的背景之下，刘基再次对诗歌现实主义精神的重新申论与发扬，就并不是简单的祖述前人。他对元代诗坛浮靡清虚之风的不满，显示了其讽谏裨世的文学思想具有特殊的意义。

刘基对古人的追慕，也主要是推赞其现实精神和讽喻传统，他说："余观诗人之有作也，大抵主于风谕。盖欲使闻者有所感动，以兴其懿德，非徒为诵美也。"这种力主讽喻，具有强烈现实情怀的文学旨趣，是随着他目击时艰的现实而形成的。他对杜甫的推尊，就是因为杜甫诗中蕴含强烈的现实精神。刘基少时读杜甫诗歌，对其中的忧愁怨抑之气颇为不解，认为以怨恨悲愁发为言辞，有悖于诗歌和乐的审美要求。但是，随着"五六年来，兵戈迭起，民物凋耗，伤心满目，每一形言，则不自觉其凄怆愤惋，虽欲止之而不可，然后知少陵之发于性情真不得已，而予所怪者不异夏虫之疑冰矣"。可见，刘基诗歌凄怆愤惋风格的形成，是随着他对现实的体认而实现的。

在刘基看来，诗歌抒写性情与讽戒裨世，表现现实是圆融无碍的，少陵以忧愁怨抑之笔写乱离之状，是发于性情而不得已。同样，《诗经》中的作品，或怨或思或美，都是"油油然感生于中而形为言"。他自己的作品不但多为现实主题，风格沉郁苍凉，而且有为数不少的讽喻之作，如《楚妃叹》《王子乔》等作品，将锋芒直指宫廷之内。他的寓言体散文《郁离子》也是饱受挫折之后的托喻刺世之作。如

《灵丘丈人》写一位养蜂老人，爱惜蜜蜂，勤于管理，悉心照料，结果收获甚巨，富比王侯。老人死后，子嗣父业，但对蜜蜂的态度判若天壤。其子只知收渔人之利而毫不爱惜，结果蜜蜂举族而去，家道因此中落。最后，作者通过陶朱公之口，道出了其中的寓意："为国有民者可以鉴矣。"是规谏，也是讽喻。刘基具有强烈现实精神的文学观念对元末明初的越派诗人以及整个文坛都产生了直接的影响，并在他的创作中得到了鲜明的体现。

理明气昌的文学本体论

刘基主张文学当表现现实，这主要还是从题材的角度而言，而从超越的层面来看，刘基还有更进一步的理论思考，这与其天道观等哲学观念具有密切的关系。其中，刘基重点讨论了理、气、情与文学的关系。

对于理、气与文的关系，刘基说："文以明理，而气以行之。气不昌则辞不达，理不明则言乖离。""文以理为主，而气以摅之。理不明为虚文，气不足则理无所驾。"

刘基认为，文之理是与气相辅而行的。刘基所说的理，与理学家所讲的德性之理并不完全相同。就形式而言，理似乎与文章所要表述的内在逻辑有关；就内容而言，理就是指文所要表达的社会、人生乃至治国之道。也正因为如此，刘基将文中所显之理是否昌明与国运兴衰直接相关。刘基所谓气，似乎是指文中所体现出的自然畅达的文势。理气相辅而行，自然为文，宏肆流贯，即是刘基所推尚的作品。而与其相对的则是矫揉刻意之文。他认为："唐虞三代之文，是诚于中而形为言，不矫揉以为工，不虚声而强聒也，故理明而气昌也。"

刘基所说的文之理，还具有文所以表达的主旨的含义。具有强烈经世倾向的刘基，自然对于文学所应表现的社会政治之道尤其关注。文之正理，应尚简直朴厚，以引导社会风气的形成，而不应夸逞侈靡，恃才弄巧。刘基认为，文之理气是否昌明，事关国运兴衰。西汉时期，"贾疏、董策、韦传之诗，皆妥帖不诡，语不惊人，而意自至。由其理明而气足以撼之也。周之下，享国延祚，汉为最久，盖可识矣"。相反，如果文不主理则会导致国运中衰。他认为汉武帝英武雄肆，气盖宇宙，而司马相如又以夸逞之文侈之，以启其夜郎筇笮、通天桂馆、泰山梁甫之役，与秦始皇无异。"致勤持斧之使，封富民之侯，下轮台之诏，然后仅克有终。文不主理之害一至于斯，不亦甚哉！"刘基认为汉代国脉绵长，绝而复续，是因为汉家朴厚的风尚深厚，其根本并没有因相如、子云而改变，因为有诸如赵充屯田之旨，刘更生封事之言，"诚意恳至，理明辞达，气畅而舒"，改变了相如等人的文风。他们所写的文章远非汲汲以鸿生硕儒争名当代者所能及，因此，汉代才如同元气不坏而乾坤不死一样。

刘基认为，汉代国运绵长，恰恰不是因为相如、子云等人的文风所致，而“下逮魏晋，降及于隋，驳杂不一，而其大概，惟日趋于绮靡而已。是故非惟国祚不长，而声教所被，亦不能薄四海”。刘基得出的结论是“气昌而国昌”。或者说，气盛则文雄，文雄则国盛。汉代涵泳四百年，“至今称文之雄者莫如汉，其气之盛使然哉”。载诸理的气，体现着理的特征。可见，刘基认为文之气与理，关乎国之大体，至关重要。

要言之，刘基所认为的文之理与气的关系，是理为主，气为辅。理，要晓明、正确；气，要完足、畅达。

相对于“理”关乎国运稍有不同，文学创作是作家的个体行为，作品的完成与作家的才秉、性情具有直接的关系。因此，刘基还讨论了文学作品与情的关系，他说：“夫诗何为而作哉？情发于中而形于言。”如果说文中之“理”是普世之理，那么“情”则是一己之情，诗歌则是诗人们情感蕴于中而发之于言的产物。值得我们注意的是，刘基所说的“情发于中而形于言”，并不是强调诗歌的情感论或者承祧缘情的诗学传统，刘基所说的一己之情实乃理之分殊或表征而已。情之发抒期在有裨世教，在有益于国运之大理。何以证之？因为刘基在论及“情发于中而形于言”之后，接着便列述《诗经》中《国风》、二《雅》见立于六经，就是因为美刺讽戒莫不有裨世教的事实，亦即《诗经》作为抒情的典范，也正是有裨世教的典范。刘基所批评的是哦风月、弄花鸟的作品。因此，刘基所说的诗之“情”，绝非晚明文人们所尚的类似于“爱欲”的情感，而主要是“忧世感时”之情。

在刘基看来，诗人们因遭逢乱世而产生的忧恨悲愁之情是与理完全一致的，他所崇尚的杜甫的诗歌便是因目击时艰而情发于中之作。对于情的表现，刘基也主张自然流畅，力戒矫揉，他说：“言生于心而发为声，诗则其声之成章者也。故世有治乱而声有哀乐，相随以变，皆出乎自然，非有能强之者。”气运丰沛流畅的自然之文，是一己之情感的表现，也可见世之盛衰，可见一时之风教。

如上所述，刘基论及文之理、气、情的关系，是紧扣着文学的社会功能的。他认为，“文之盛衰，实关时之泰否”。刘基文论的核心，即在于倡导文学的社会责任，强调的也是文学的社会功能。这与刘基具有的王佐之才以及元末明初的世运有关，他对杜甫诗歌认识的变化就足以说明这一点。刘基文论强烈的现实精神不但与七子派复古仅拘于格调而疏于内容不同，而且也与晚明文学新思潮中独抒性灵迥然有异，只有在明末经历再一次的社会危机之时，刘基的文学思想才在明末文社诸子那里得到延续。明末文社的文士们蒿目时艰，感时忧国，倡风雅比兴，使文化担负起了社会的责任，这一文学取向真正承祧了刘基文论的学脉。

第3章

刘基的诗词

沉郁顿挫之诗

元末明初是文学较为繁盛的时期，这一时期除了小说等俗文学取得了突出的成就之外，诗文也一改以四大家为代表的元代雅文学高雅温润、柔弱纤细的风格。以王冕、杨维桢、刘基、宋濂、高启等人为代表的诗歌以雄奇质朴、遒劲豪放的风格，反映了元末纷乱之世的社会现实，使雅文学呈现了复兴的气象。其中，刘基更是明代鲜见的诗文成就都十分卓著的文学家，在文学史上占据重要的地位。

就诗歌而言，《诚意伯文集》中收录的诗歌就达一千一百八十四首，词二百三十三首。被后世学者视为自成一家，可与明初的另一位天赋绝特的诗人高启比肩。对于刘基的诗歌成就，清人沈德潜有允评："元季都尚辞华，刘基独标骨干，时能规抚杜、韩。高季迪出入于汉、魏、六朝、唐、宋诸家，特才调过人，步蹊未化，故变元风则有余，追大雅尤不足也。要之，明初辞人，以二公为冠。"还有论者将刘基与顾炎武视为明代首尾诗歌成就最为卓荦者。如《四农诗话》有云："明诗不可以轻心抑之也。明开基诗吾深畏一人焉，曰刘诚意。明遗民诗吾深畏一人焉，曰顾亭林。诚意之诗苍深，亭林之诗坚实。皆非以诗为诗者，而其诗境直太华、黄河之高阔也。首尾两家，谁与抗手?"

刘基的诗作，既有抒写自己遭逢乱世、屡遭困厄的人生感喟，也有抒写忧世拯民之心的作品，后者更是形象地反映了元末明初的世况。就风格而言，刘基的诗歌充分体现了其师古的文学主张，既可见杜甫诗歌的沉郁，韩愈诗歌的奇险，还可见屈原诗歌的奇幻想象。对其后的明代诗坛产生了重要的影响，而有"开明三百年风气"的盛誉。

《覆瓿》到《犁眉》表现的世况与人生

刘基的一生经历了仕元与佐明两大阶段。前期的诗作在元末集成《覆瓿集》，后期诗作在明初集成《犁眉公集》。前后内容及风格看似迥异，但是，从其悲惋衰飒的诗歌中，都可见作者的深衷托寄，从一个侧面展示了元明之季的世道风情。

《覆瓿集》中表现的时艰与情怀

刘基诗歌中最具价值的当数作于元末的忧时痛国之作，这些诗歌以其沉郁苍凉的风格、丰富深刻的内容在元明之际诗坛占据重要的地位。就内容而言，刘基坚持有裨世教的诗学观念，他通过诗歌表现现实生活，状写民生疾苦，抒发忧时情怀。其中有为数不少的讽喻诗，针砭时事，寄予理想，如《感怀》三十一首之四：

> 古人盗天地，利源不可穷。今人盗农夫，岁莫山泽空。纷纷九衢内，连袖如长虹。共笑沮溺鄙，各事游冶雄。悠悠方自此，衮衮何时终！

全诗通过两幅图画的强烈对比，揭示了深刻的社会矛盾：一面是农家一年劳作，岁终则被盘剥一空；一面则是掠夺者浩浩荡荡，游冶欢笑。最后发出了这一现象何时终了的强烈诘问。刘基的这类诗歌叙议结合，有些较系统地表达了其社会政治理想。如其《感时述事十首》，从百僚分治天王万国写起，批评了“十羊烦九牧”，“一耕而十食，何以奉征缮?”大小官吏们唯求“腹剥图身肥”。军队无战力则是因为军民分籍，使军队“坐食不知恩，怙势含威凶”。“所以丧纪律，安能当贼锋!”根源在于制度。刘基认为应该效法先人制度，使“三时事耕稼，阅武在严冬”。因此刘基在明初提出了卫所制。国家祸乱频发，起义蜂起，其因则在官府：“滥官舞国法，致乱有其因。何以昧自反，一体含怒嗔。斩艾若草芥，虏掠无涯津。况用多横敛，殃祸动辄臻。人情各畏死，谁能坐捐身？所以生念虑，啸聚依荆榛。”刘基甚至作出了这样的结论：“盗贼乘间发，咎实由官司。”诗人作《感时述事十首》，系统地揭示了社会的种种弊端，最终诗人感时而泣，“长歌寄愁思，涕泪如流霰”。

刘基的诗歌中最具价值的当数表现当时民生疾苦、乱离世况的作品。他在科考之后有过一次北上的经历，当时北方连年灾害，黄淮决口，哀鸿遍野，刘基通过诗歌真实地再现了这一悲惨情形，如《北上感怀》《过东昌有感》《泾县柬赠宋二编修长歌》《神祠曲》等，具体形象地描写了生灵涂炭的情形。这些忧时之作在《覆瓿集》中占据相当大的比重，如《春兴》诗：

> 会稽南镇夏王封，蔽日腾空紫翠重。阴洞烟霞辉草木，古祠风雨出蛟龙。玄夷此日归何处？玉简他年岂再逢。安得普天休战伐，不令竹箭困输供。

郑仲夔谓该诗“雄伟悲壮，方之杜少陵《秋兴》工力悉敌”。似杜的根本原因在于他们都是借诗歌以抒发忧时之慨。郑仲夔对刘基诗歌的推赞，是因为《覆瓿集》中强烈的现实情怀具有步武诗圣乃至超迈前贤的独到之处。刘基的这些诗歌并非为了一己遣兴而作，而是借诗以抒发悯时忧世之襟怀。同时，还应特别指出的是，刘基的诗歌并非止于形象描摹的层面，而是以诗议政、以诗言志，拓展了诗歌的表现内容。在这方面，刘基较明显地承续了宋诗以文为诗的传统，尤其是苏轼、王安石等人更将以诗议政臻于一个新的境界。但尽管如此，刘基诗歌的议政内容更加广泛，篇制也更大，且议论的内在逻辑更加清晰、严密，究其原因则在于刘基身处于比苏轼、王安石更加混乱的时期，刘基忧时的心情更加迫切。从最为典型的《感时述事十首》的诗题即可以看出，刘基将诗歌传统的抒情、言志效能进行了拓展。因为传统的诗言志往往是吟咏性情，自述怀抱，与缘情并无太明显的区别。当然，言志之作常与政教有关，因此，讽喻刺世之作往往较典型地体现了言志的特征。但前人的言志之作一般是以形象的描绘为基础的，如白居易曾作《初除户喜而言志》诗，白氏所述的“平生志”，还是通过一定的情节表现出来，以对话的形式展开的，而刘基的诗歌则有所不同，他的议政诗往往直接以篇制较长的议论来展开。

《犁眉公集》中的人生叹怀

刘基后期的诗歌收于《犁眉公集》。与前期忧时愤世、目击时艰不同，入明之后，刘基深感自己倾全力辅佐的朱元璋已被疑忌之心所左右，朝廷都笼罩在一片恐怖气氛之中，诚如刘基所谓："探珠入龙堂，生死在一瞬。"加之，胡惟庸任相，刘基所处的政治环境更加凶险，这一时期他"身世且未保，况敢言功勋?"因此，晚年刘基的诗歌多为叹老嗟衰之作，前期"为拯斯民涂炭忧"的豪壮之情已一去不返。对此，钱谦益有云："余考公事略，合观《覆瓿》《犁眉》二集，窃窥其所为诗歌，悲惋衰飒，先后异致。其深衷托寄，有非国史家状所能表其微者。每夔然伤之。"知音者钱谦益遂有这样的感慨：刘基于"遭逢圣祖，佐命帷幄，列爵五等，蔚为宗臣，斯可谓得志大行矣"，但"乃其为诗，悲穷叹老，咨嗟幽忧，昔年飞扬砷矶之气，渐然无有存者"。其中的"深衷托寄"，钱谦益坚信"百世而下，必有论世而知公之心者"。刘基的深衷，主要是因为身当朱元璋雄猜刻忌，生杀无常之时，其时诗人的忧与患往往以婉曲的语调，隐微的比喻表现出来。尽管如此，我们还是从他的后期作品中看到一个愁容满面、颓萎消沉的刘基。当其因谈洋之祸而被迫入京师而不敢归里之时，心情更为痛切，有诗云：

今日复明日，明日能几何？壮心萧索尽，思念恒苦多。引领望故乡，川路犹且长。巢燕已北飞，宾鸿亦南翔。我独无羽翼，慷慨中自伤。

这些作品虽然也是写景状物，但与前期的迥然不同。诗中表现的是一位壮心萧索尽，而唯求规避现实的老人的任运自适的心境，因此，其景似乎了无诗人的情感寄寓，而是纯粹物境的自然呈现。这是因为现实的政治环境不容刘基有更多深衷托寄于其中，“口不言功”已难免有性命之虞，诗中的空灵之境也就不足为奇了。刘基后期诗歌打上了鲜明的明初严酷政治环境的烙印，从这个意义上说，《犁眉公集》以另一种方式记载了这一段历史。

慕韩、师杜而自成风格

刘基诗歌被朱彝尊称为“开明三百年风气”，在明代诗坛具有举足轻重的地位，这与他深受古典诗歌的润泽，主张师古以自新有密切的关系，因此，从其师古以自新的角度比较易于体味刘基诗歌的审美价值和艺术成就。总体而言，他的诗歌深受杜甫、韩愈的影响。对此，清人沈德潜有云：“元季诗都尚辞华，文成独标高格，时欲追逐杜韩，故超然独胜，允为一代之冠。”何释孝云：“伯温诗沿元习，其精者学韩退之。”韩愈的诗歌具有奇险的风格，而与元、白的诗风迥然有异。刘基的诗歌有得于韩愈之处，主要表现在奇幻的想象与奇妙独特的构思。其中，长诗《二鬼》具有明显的韩诗印记。其梗概是：盘古开天辟地之初，以日月为两眼。天帝愍其劳逸不调，即命结璘、郁仪二鬼为守护日月之神，二鬼辛勤劳作，对宇宙人事贡献很大，天帝爱怜二鬼，暂时将其放在人间游嬉。忽然宇宙发生变乱：六月冰天、蓬莱水没，蛇头生角、鳄鱼掉尾。天帝无人扶持，一筹莫展，筋解眼瞳，不辨妍媸。二鬼得知后，讨药治愈了天帝的伤病，又重整乾坤。但天帝错怪二鬼，将其囚在银丝铁栅里面。二鬼则须待天帝息怒，猜惑消解之时，再重回天上游戏。

关于二鬼比喻的对象，一般认为是指刘基与宋濂，表现他们受朱元璋牢笼豢养，抱负无法充分施展的苦闷。而我们认为这一说法值得商榷。因为《二鬼》在今见最早的成化六年（1470）戴用、张僖刻本《诚意伯刘先生文集》中列于卷十四《覆瓿集拾遗》之中，与《夜坐有怀呈石末公》同卷（石末宜孙卒于元末），并没有列于《犁眉公集》之中。《覆瓿集》作于元末,《犁眉公集》作于明初为学界公认，文献也载之甚详。因此,《二鬼》当是元末羁管绍兴时所作，诗中的二鬼比喻诗人自己与帖里帖木耳。天帝则象征着元顺帝。

在《二鬼》诗中，诗人有这样奇特的想象："四肢百体咸定位，乃以日月为两眼……两眼相逐走不歇，天帝愍其劳逸不调生病患，申命守以两鬼，名曰结璘与郁仪。"这显然受到了韩愈《月蚀诗效玉川子作》与《双鸟诗》的启迪。《月蚀诗效玉川子作》记述了某三更之夜，一轮朗月如同玉盘悬挂东天，但忽然有物来吃月，因此“玉川子涕泗下，中庭独自行，念此日月者为天之眼睛，此犹不自保，吾道何由行?”于是设法驱除食月的“虾蟆精”。在《二鬼》诗中，天帝在“暂放两鬼人间娱”之后，“筋解眼瞳，不辨妍媸”，宇宙发生了变乱，于是二鬼求医问药，先去两眼翳，使天帝康复，玉宇澄清。《二鬼》师法韩愈《双鸟诗》的痕迹更加明显。双鸟自海外飞到中州后，一只落在城市，一只落在幽谷，三千年来不得相伴而鸣。当二鸟相遇鸣叫后，雷公报告了天公，于是“天公怪两鸟，各提一处囚”。虽然给予了“朝食千头龙，暮食千头牛”的优裕条件，但失去了自由。二鬼也是在天帝的怪罪之后，“养在银丝铁栅内，衣以文采食以麋”。所不同的仅是二鸟经历三千年之后自然会“更起鸣相酬”，二鬼则需等待“天帝息怒解猜惑，依旧天上作伴同游戏”。

刘基师习韩愈，还表现为诗歌语言繁富铺陈的特色。韩愈的《南山诗》以五十一个“或”状写南山，诚如方东树评韩诗是“以京都赋体而移之于诗也”。同样，刘基的《题群龙图》《赠道士蒋玉壶长歌》《为詹同文题浙江月夜观潮图》《上云乐》等诗也极尽铺张排比之势。在立意方面，韩愈诗歌具有险怪的特征，如《送文畅师北游》中写久谪归来，喜悦异常，但诗中表现的则是“昨来得京官，照壁喜见蝎”，以丑的物象来表现喜悦的心情，出人意表。而刘基的《玉阶怨》有诗云："长门灯下泪，滴作玉阶苔。年年傍春雨，一上苑墙来。"以绿苔、春雨等物象来映衬涟涟相思泪，同样别致新奇。

虽然，刘基追慕韩愈的诗风也得失参半，韩愈为文"刊落陈言"，作诗也有争奇斗怪，乃至佶屈聱牙，如《城南联句》长达一百五十韵一千五六百字，排空生造，牵强凑泊，以致错陈碎缬，这是韩诗的糟粕。刘基的诗歌同样也有搜罗奇僻生冷词句入诗，徒炫学识、诗意晦涩的作品，如《夏中病疟戏作呈石末公》《蛟溪诗》《题西旅献獒图》《若耶溪杳郭深居精舍》《题商学士寒林图》《寄江西黄伯善兄弟》等。

与"裁诗慕韩豪"得失兼有不同，刘基"赋诗追杜子"，则奠定了其诗歌的基本色调，是刘基诗歌卓然自立于元明之际诗坛的重要原因。刘基师杜之作，深得杜师精粹，尤其是杜诗状写民生疾苦、忧时痛国的内容，在他目击元末时艰之时，化成了似杜而自得的诗行。刘基师法杜甫，首先是他们具有相似的民本情怀，如《感时述事》诗表现了刘基深切的忧时痛国的心情，诚如程孟阳所云："《感时》诸诗，可谓诗史，追配杜老，迈元白矣。"陆世仪更有这样的评价："刘诚意诗无一语风云月露，但忧时悯世之言极得古人诗言志之旨，乐府辞尤妙，可谓杜陵以后一人也。"这都是就刘基得杜甫诗歌的内容而言的。在艺术方面，杜诗以沉郁顿挫的风格著称于世，具体表现在语言方面质朴自然。如《畦桑词》：

编竹为篱更栽刺，高门大写畦桑字。县官要备六事忙，村村巷巷催畦桑。桑畦有增不可减，准备上司来计点。新官下马旧官行，牌上却改新官名。君不见古人树桑在墙下，五十衣帛无冻者。今日路傍桑满畦，茅屋苦寒中夜啼。

全诗用语通俗，无一生冷之词，与追慕韩愈的诗作区别十分明显。诗中并无刘基散文中独擅的托物言志的表现手法，而是径以白描的手法直陈其事。诗人满腔的愤怒化入从容的叙述文字之中而了无痕迹。“桑满畦”与“茅屋苦寒中夜啼”之间形成了强烈的反讽效果。诗人深沉的愤世悯农情感潜隐于质朴沉蕴的叙述之中，对官府层层盘剥的憎恶情感蓄而不发，而是留下了诸种矛盾，通过读者的解读，体悟诗歌的意蕴：“县官要备六事忙”，“准备上司来计点”。官吏们如此“勤政”，结果则是桑农苦寒。这一切自然让读者想到敛桑者是“县官”之“上司”，想到帝王贵胄、宫廷命妇身上的绫罗绸缎。这种质朴自然而又不悖温柔敦厚诗教的风格，与杜甫诗歌的风格十分相近。

被诗坛允为一代之冠的刘基曾赞陆游“甚欲赋诗追杜子”，也是其诗风的自况。刘基诗歌中追慕杜甫的倾向对明代诗坛产生了重大影响。明代诗坛复古之风盛行，其中尤以前后七子为著，他们一般古体诗标举汉魏，近体诗追慕盛唐，而尤以师法杜甫最为显著，至后七子时期更臻于极致。当然，元末明初的师杜与其后七子派的师杜有着不同的背景与内涵。元末明初诗歌中体现出的杜诗遗风是一种自然的暗合，杜甫的诗歌多描写安史之乱时的乱离之状，而元末明初的诗人们也经历了群雄逐鹿、干戈抢攘的世事，他们都生活在兵戈迭起、民物凋耗、满目疮痍的时代。忧社稷、济苍生是他们共同的情怀，他们的诗歌中多表现目击时艰的内容，形成了依稀相似的风格，因此，这样的“似”是自然发抒、不期而得的神似。正因为如此，我们在刘基的文集中并没有看到多少赞叹杜甫的内容，也没有看到多少复古之论，仅是因为他们怀着诗歌当“有裨世教”的理想而自然有得于杜诗神韵。七子派则不同，他们主要是通过师法杜甫诗歌的古法高格以改变诗坛风气，有得于杜诗的是尺尺寸寸的格法。因此，同样得于杜诗，结果却迥然有异，元末明初的诗人书写了诗史上令人瞩目的一页，而七子派们以得杜调为旨趣的文学实践，只留下诗坛黄茅白苇弥望皆是的单一色调而受到后人较多訾议。

刘基的诗歌得杜、韩两种迥然有异的诗歌的神韵，这似乎令人难以理解而又在情理之中。刘基一方面深受儒家思想影响，诗歌多写国事民忧，因此而似杜；另一方面，刘基生于南田福地，又读书于石门洞天，深受道教濡染，以似韩的风格状写神仙神教中的奇幻境界亦不难理解。

刘基的诗歌受到时人及后人的广泛推崇，清代沈德潜将其视为元明之际“超然独胜，允为一代之冠”的卓越诗人。沈德潜还对刘基的各种体裁进行了比较分析，认为“乐府高于古诗，古诗高于近体，五言近体又高于七言”。其实，早在沈德潜之前，明人汤尹宾就有相似的看法，他说：“予尝读《刘文成先生集》，乐府古歌遂为一代词人之冠，同时方、宋诸君俱不及远也。”陆世仪也说：“乐府辞尤妙，可谓杜陵以后一人也。”对于其乐府词予以极高的评价。诚如前贤所言，刘基的乐府诗确实笔力豪健，风骨苍老，闳中而肆外。或托物言志，旨存讽谏；或即古以见今，忧国悯农。明代以来，刘基奋飞于前，李东阳接武于后，开启了唐代以来乐府诗的新局面，而有“乐府之体，号为中兴”的美誉。与同时代的诗人相比，刘基的乐府诗也别有特色，元季杨谦夫、李季和等人也曾以乐府交相唱答，但多是采新题为古体，唯独刘基锐意摹古，作古乐府特多，朱彝尊称其“开有明三百年风气”就是指其以古乐府为代表的锐意摹古的文学理论与实践。其实，刘基诗歌诸体兼善都有很高的成就，如他的古诗同样受到了论者的高度评价，王夫之评《旅兴十六首》之三

“是唐以下第一首古诗，几于无字”等等。刘基诗歌诸体都有佳作可传。其核心则是摹古而有自得，格调高古，因此，在明代诗坛具有开风气的作用。

秀雅天成之词

刘基的词也秾纤有致，风格独具，卓立于明代词坛。王国维在《人间词话》中论及文天祥的词时，也对刘基的词作有很高的评价，谓：“文文山词，风骨甚高，亦有境界，远在圣与叔、夏公谨诸公之上。亦如明初诚意伯词，非季迪孟载诸人所敢望也。”确如王国维所言，明初词坛自然以刘基为冠冕，高季迪的词作虽然也秀雅天成，但尚不足与刘基相抗。此后明人的词作，同样不能望刘基之项背，陈廷焯说：“伯温词秀炼入神，永乐以后诸家远不能及。”因此，视刘基之词冠绝有明一代亦不为过。

现存于《诚意伯文集》中的词原自为一帙，名为《写情集》，凡二百三十余首。叶蕃在《写情集序》中说：“《写情集》者，诚意伯括苍刘先生六引三调之清唱、四上九成之至音也。”就内容而言，叶蕃认为与刘基的诗文稍有不同，即所谓“其经济之大，则垂诸《郁离子》；其诗文之盛，则播为《覆瓿集》。风流文彩英余，阳春白雪雅调，则发泄于长短句也。”也就是说，在词作《写情集》中，多抒写的是一己之情愫。但是，刘基深具经世之心，慷慨豪迈，远非一般的温婉秀雅的正宗词风所能牢笼。诚如叶蕃所谓“或愤其言之不听，或郁乎志之弗舒，感四时景物，托风月情怀，皆所以写忧世拯民之心”。虽然，刘基词作中也有为数不少的抒写词人闲情逸趣的作品，但其中也时常流注着忧世之心、拯民之慨。如《浣溪沙》：

布谷催耕最可怜，声声只在绿杨边，夕阳江上雨余天。满地蓬蒿无旧陌，几家桑柘有新烟，战场开尽是何年？

在布谷声声催耕的季节里，词人见到的却是春耕无人、满地蓬蒿的惨然景象，词人最后由衷地发出了“战场开尽是何年”的感喟。在《渔家傲》中也表达了类似的情愫：

江上秋来惟有雨，江城九月犹炎暑，泉涌中庭苔上柱。深闭户，莎鸣露泣寒蛩语。

征戍诛求空轴杼，千村万落无砧杵，玉帐悠悠闲白羽。愁正聚，乱鸦啼破楼头鼓。

上阕词人描写了秋日淫雨、绿苔满柱、莎鸣露泣之景。景致何以如此凄凉沉郁？答案在下阕，因为方国珍于至正十二年杀台州路达鲁花赤泰不华，台、温局势殆危。是战争使得“千村万落无砧杵”。更可怕的则是朝廷命官们对于艰危的局势并无警觉，仍然悠然自得于玉帐之中。词人之愁情，充溢于字里行间。类似的慨叹在刘基的词作中比比皆是，词人或状写“乌鸦自满荒村”之景，或“纵然回首，可堪凝睇，伤心处处蓬蒿废井，时时烟雨啼猿”，或“望中原，杳漫漫，白苇青蒿”，等等。更有刘基抒写志在拯民救世的豪情洋溢的词作，尤其是与石末宜孙唱和时所作，如深受沈雄赞叹的感愤情词《沁园春·和郑德章〈暮春感怀〉呈石末元帅》：

万里封侯，八珍鼎食，何如故乡？奈狐狸夜啸，腥风满地，蛟螭昼舞，平陆成江。中泽号鸿，苞荆隼鸨，软尽平生铁石肠。凭阑看，但云霓明灭，烟草苍茫。

不须踽踽凉凉，盖世功名百战场。笑扬雄寂寞，刘伶沉湎，嵇生纵诞，贺老清狂。江左夷吾，隆中诸葛，济弱扶危计甚长。桑榆外，有轻阴乍起，未是斜阳。

词人身处狐狸夜啸、腥风满地、平陆成江的乱世，发出的则是“不须踽踽凉凉，盖世功名百战场”“济弱扶危”的雄迈誓词，这既是对石末宜孙的赞佩，也是对词人的自勉。但是，在元季乱世，刘基屡屡受厄于官场，抱负难遂，于是词作中时常表现抑郁不平的情感，如《水龙吟·和东坡韵》：

鸡鸣风雨潇潇，侧身天地无刘表。啼鹃迸泪，落花飘恨，断魂飞绕。月暗云霄，星沉烟水，角声清袅。问登楼王粲，镜中白发，今宵又添多少？

极目乡关何处？渺青山髻螺低小。几回好梦，随风归去，被渠遮了。宝瑟弦僵，玉笙簧冷，冥鸿天杪。但侵阶莎草，满庭绿树，不知昏晓。

全词格调凄怆悲凉，词人厕身于风雨潇潇的乱世，四顾无朋，知音难觅，充满着壮志难酬的失望与痛苦。时代昏浊，身世羁孤，化成了含泪文字，感喟而又不失激昂之气。个人的不幸遭际与国运的艰危交织在一起，这与一般闲适文人们抒写逸性闲情不同，刘基词作中流露出的愁情，还带有丝丝抑郁不平之气。如《踏莎行》：

瓶水知秋，池荷怨晚，有人楼上吹清管。月明夜寂却堪听，可怜刚被风惊断。

楚泽吟悲，槐根梦短，江山处处伤愁眼。欲凭青鸟寄殷勤，波涛无地蓬莱远。

词人“欲凭青鸟寄殷情”的幻想是建立在屡厄仕途的现实之上的。以屈子行吟泽畔的典故写词人不见用的伤愁，其中的政治寓意不难意会。因此，同样写愁绪，刘基词作中所表达的往往更加深广，也未必是一己之情愁，如“夕阳江上满眼清波，总是愁人泪”，“塞北江南，何地无愁”，等等，这种愁绪往往是因蒿目时艰所发，沉郁而不颓唐。

咏怀词是刘基词作中数量最多的，除了表达对国事民瘼的关切之外，作者更多的浅吟低唱抒写的是一己之情怀：或感叹时令的变幻，表达自己闲寂的心境；或归慕道教的仙幻之境；或叹老伤怀，表达哀怨之情。其中以小令为多，但也不乏长调，尤其是长调《摸鱼儿》，刘基就作有四首之多，写得娴熟自然，意境哀婉：

> 断肠花，已随流水，青苔空锁深院。知人不似花重好，莫怪为花留恋。花不管，任啼鸠悲鸣，霞锦成霜霰。水遥山远，泪滴翠绡寒，满天风雨，寂寞送书雁。
>
> 伤心事，纵是生来见惯。那堪芳岁先晚。孤云目尽苍梧野，留得竹枝歌怨。帘莫卷，斜照里荒烟，白草愁何限。情长意短。虫响又黄昏，沉沉夜永，惟有月华满。

借物象以抒写自己的情感、境遇，婉转低回，颇得柳词神韵。这类词作多体现了婉约的风格，这也是刘基词作的主体风格。

与刘基诗歌分为《覆瓿集》与《犁眉公集》，表现的内容、风格明显有别一样，其词作在元末与明初也显然不同。后期作品也有表现艰危的政治环境，寓意幽微，欲言又止。

如《醉落魄》：

东风太恶，夜来尽把花吹落。余寒，燕子乌衣薄，对语空梁，似叹人离索。

江山满眼今非昨，无情芳草年年绿，雾云不见辽东鹤，野鸟声声，只叫思归乐。

虽然《写情集》中的作品不能像诗分《覆瓿集》《犁眉公集》那样可以准确地系年，但从词作的字里行间还可以透示出作者身处的环境。从太恶的东风里透露出朝廷政治环境的变化，尤其是胡惟庸为相之后，因为刘基与朱元璋论相的内容为胡氏所知，朝廷已成危机四伏的凶险之地。谈洋事件更使朱元璋的疑忌加深，刘基欲辩无言，被迫赴京自责，有家难回。词人只有从野鸟的声声鸣啼之中，寄予自己的思归之情。

因为政治环境的险恶，刘基有时还借其他题材婉曲地表达自己的隐衷，如《尉迟杯·水仙花》：

凌波步，怨赤鲤不与传缄素。空将泪滴珠玑，脉脉含情无语。瑶台路永，环珮冷，江皋荻花雨。把清魂，化作孤英，满怀忧恨谁诉？

长夜送月迎风，多应被彤闱紫殿人妒。三岛鲸涛迷天地，欢会处都成间阻。凄凉对冰壶玉井，又还怕，祁寒凋翠羽。盼潇湘，风杳篁枯，赏心惟有青女。

看似状写水仙，其实是托物言志。刘基磊落不阿，受到了彤闱紫殿之中权奸的妒恨，谗言挑拨，致使君臣越发疏远，“怨赤鲤不与传缄素”，“欢会处都成间阻”。词人以冰清玉洁的水仙自喻，虽然对朱明王朝赤诚忠苓，脉脉含情，但是，瑶台路永，咫尺天涯，君臣之间的心理距离已经变得遥远漫长。“满怀忧恨谁诉？”全篇以物喻人，婉曲地表达了幽怨情感。

刘基还有一些状写自然景物的作品，清丽可喜。如《浣溪沙·处州叶叔安溪南草堂》：

细草垂杨村巷幽，白沙素石引溪流。青苔矶上有扁舟。

门外好山开翟画，屋顶新月学帘钩。窗风一榻似清秋。

垂杨笼罩，细草漫道，曲巷幽深，涓涓溪流在白沙素石间流淌，扁舟静卧在绿苔浸漫的矶石之旁，更有临溪草堂，主人凭窗赏月，推门观山。其景如画，自然恬静。

词自然多吟诵爱情的题材，刘基词题为“写情”，其中也不无爱情的内容，写得真切感人，如《少年游》：

清风收雨，轻云漏月，凉气入幽窗。乱叶吟朝，饥虫啼夜，各自奏新腔。孤鸿又向天边落，归梦阻苍江。百结愁肠，两行丝鬓，寂寞对清缸。

词作描写了清凉之夜对远方情偶的思念。“收”雨，“漏”月，遣词精工准确。先状物起兴，后描摹抒情。清风、轻云、凉气、幽窗、乱叶、饥虫、孤鸿、苍江、清缸，种种物象无不与寂寞、相思的情感浑融为一，意境哀婉动人。

除此，刘基还创作了为数不少的颇为独特的咏物词，这些词作形象鲜明，寓意幽微，与其寓言体散文《郁离子》风格相近。韩国学者李钟振先生曾对刘基词的主题进行了归纳，分别是：咏物词、咏怀词、羁旅行役词、爱情词和其他词五大类。其中咏物词有二十首，比留下十二首咏物词的周邦彦还要多，如《满庭芳·咏荷花》《八声甘州·咏蛙》《念奴娇·咏蛙》《蓦山溪·咏萤》《卜算子·咏雨》《浣溪沙·槿花》《惜余春慢·咏子规》《传言玉女·咏蝶》《南柯子·咏蓼花》《六幺令·咏露》等。其中《踏莎行·咏游丝》：

弱不胜烟，骄难着雨，如何绾得春光住。甫能振迅入云霄，又还旖旎随风去。

高拂楼台，低黏花絮，如狂似醉无归处。黄蜂粉蝶漫轻盈，也应未敢窥芳树。

细细游丝，若随风高举入云，则旖旎自在；若低飞入地，或拂楼台，或黏花絮，则仅会成为黄蜂粉蝶的羁縻而已。是贬？是褒？不同的读者也许会有不同的诠解。是自况？是许人？幽隐难测，其中的寓意颇值玩味。这类作品在词史上十分鲜见，虽然在艺术上与刘基的其他词作比较尚显得几分粗疏，但以词寓意，在词史上写就了新的一页。

同时值得指出的是，刘基的咏物词同样也体现了其有裨世教的文学精神。虽然他的咏物词常常穷极精奥，寓意深婉，但还是从幽默形象的言辞背后，看到作者强烈的讽喻精神。如《念奴娇·咏蛙》通过群蛙“乍寂还喧如聚讼”以及“当车怒目，几欲吞明月”的形象描绘，表达了对是非颠倒、群小逞威的世风的强烈讽刺。再如《满庭芳·咏荷花》，在描写了翠霞深处的荷花之后，又发出了这样的感叹：“只恐青娥娇妒，相将见，苇白芦黄。凄凉也，一天坠露，明月在池塘。”是写荷花，更是写自己，写贤能被妒的社会现实。

刘基的词风格多样，或沉郁慷慨，或清新隽永，或长调慢词，或小令短制。一般都典雅精工，而尤以小令更为纤秾有致。如《如梦令·题画》：

草际斜阳红委，林表晴岚绿靡。何许一渔舟，摇动半江秋水。风起，风起，擢入白萍花里。

全篇用词简约精准，风格清新自然。在艺术上，刘基的词同样显示了他深厚的学植，这也是他超迈一世，取得卓荦成就的重要原因之一。他时常化古人的精词妙语入词。如《卜算子·暮春》：

春去蝶先知，花落蜂难缀。草绿庭空不见人，愁共天无际。凿沼种荷看水浅，荷钱细，惟有青苔最可怜，欲上人衣袂。

词中状写的青苔形象动态精妙，但也是化用古人诗句而来，王摩诘有云：“坐看苍苔色，欲上人衣来。”王荆公亦有诗云：“坐看苍苔文，欲上人衣来。”因此，刘基词作中时有用典之作，如《八声甘州·咏蛙》词中写道：“问青蛙有底不平鸣，真个为公私?”史书亦有载：晋惠帝不慧，闻上林蛙鸣，问左右曰：“为公乎？为私乎?”而更多的则是借古辞发己意，自然熨帖，浑然无迹。总体来看，刘基的词师法多元，或祖法李清照，如《声声慢·咏愁》《浪淘沙·闺怨》，或追慕柳永，如《生查子·蜘蛛网画檐》，或学苏轼，如《水龙吟·和东坡韵》，等等。博采兼综，熔为一炉。

如描摹生动的：“娟娟斜倚凤凰楼，窥朱户，应自半含羞。”(《小重山·咏月》)“檐铃风过，昵昵闺中语。”“芦花粗老，也学杨花絮。”(《蓦山溪·檐铃风过》)

如造语精工的：“危芳怯露，梨云困蝶，絮雪迷莺。”(《沁园春·清明日作》)

如自然清秀的：“春风欲到，小草先知道。黄入新黄颜色好，图遣王孙归早。”(《清平乐·早春》)

如雄浑豪迈的：“鸡鸣风雨潇潇，侧身天地无刘表。”

(《水龙吟·和东坡韵》)“宝剑埋光，星芒失色，露湿旌旗也不干。”(《沁园春》)

总体而言，刘基词作多为清丽秀雅之作，不失婉约正统词风。就刘基词作的总体风格，李钟振先生有比较准确的概括：“刘基在填词中不仅游刃有余地创作婉约词和豪放词，而且按不同情调写出富有个性的作品。有咏物词、咏怀词、羁旅行役词和爱情词等。咏怀词中描写闲寂和学仙的词主要属于婉约词派，其写作风格推崇的是欧阳修、柳永、周邦彦的词风，模仿了这些词人名作中的写作方法。另外，写出不得志、战乱惨状和爱国精神及哲理的作品主要属于豪放派，这些作品的风格类似于苏轼和辛弃疾的词风。尽管他的作品中没有苏、辛那种豪气纵横的英雄气概，但仍追求雄壮之美。从作品的数量和风格来看，刘基应属于婉约派而不是豪放派。”“刘基是一位多情多感的词人，将其词的风格评价为凄清哀婉，是非常恰当的。”刘基也时有妩媚香泽之作，诸如：“绝壁过云开锦绣，冰丝弹月梦清凉。”(《浣溪沙》)“衣飘碧落星芒动，珮拂玄冥月影斜。”(《鹧鸪天·题梅花图》)等等。卓人月在《古今词统》中更是列举了刘基词作中为数不少的“香柔凄艳之句”。这当然首先是因为词的特质使然。刘基接武前人，这一传统并没有改变。但尽管如此，他在明代词坛仍是一位卓荦不群的大家。

气昌而奇之文

明末制义名家艾南英在论及明代文章流变史时说："有明文章之盛，莫盛于太祖时。刘文成、宋文宪、王文忠、陶姑孰辈，不独帷幄议论佐神圣文武，佑启后人之谟烈，而文章一事，亦遂为当代之冠。"当然，并非所有论者都认同艾南英的这一评价，如四库馆臣说刘基"其文闳深肃括，亦宋主祎之亚"。也就是说，刘基之文居于宋濂之次席。四库馆臣分宋、刘为主次的根据，在《宋学士全集》提要中有这样的分析，他们认为两人虽然都是极天下之选的卓荦之士，但以德以力，则略有不同。他们认为刘基之"德""力"不及宋濂，就是因为"基讲经世之略，所学不及濂之醇"。虽然，我们不同意四库馆臣的评判标准与结果，但是，他们道出了这样的事实：刘基讲经世之略。这是刘基的文论、诗论以及诗文创作最为重要的特征。刘基之文成就卓著，数量甚多，尤其突出的是两类：一是寓言体散文，一是杂文、赋与游记。

寓言体散文

刘基散文中最为卓著的是《郁离子》。这是他在元末屡经官场困厄之后、弃官屏居南田时的发愤之作。凡十八章，一百九十五条，内容十分丰富，其风格则深得漆园寓言之旨，是一部影响巨大的寓言体散文集。

《郁离子》的内容

明初徐一夔在《郁离子》序中概述了其内容：“详于正己，慎微修纪，远利尚诚，量敌审势。用贤治民，本乎仁义道德之懿，明乎吉凶祸福之几，审乎古今成败得失之迹。大概矫元室之弊，有激而言也。”诚如斯言，《郁离子》的内容十分广泛，或托古以尽其词，或借喻以抒其蕴，而其要旨则是惩元室之弊，盱衡当世而作。

其一，揭露元末腐败政治，寄予作者的理想。《郁离子》与多为“谬悠之说，荒唐之言，无端崖之辞”的《庄子》寓言看似十分相似，但《郁离子》是作者针对元末时弊的有为之作，诚如徐一夔所说：“大概矫元室之弊，有激而言也。”何镗更将其比为“三闾泽畔之吟”，其中多有“《离骚》怀恳之意”。同时，《郁离子》又不是一部失意之时的绝望之作，刘基将其取名为“郁离子”，其意为何？吴从善、徐一夔在其为《郁离子》所作的序中有大同小异的解释，都认为撰著的目的是成就盛明之世。事实上，《郁离子》中隐然存在着刘基匡时济世的一套政治主张。

刘基深受儒学思想的影响，他在元末为官期间就“为政严而有惠爱，小民自以为得慈父”。但形如朽木的元王朝严重地阻滞了他政治理想的发挥，于是在归隐期间，只能将未遂的夙愿诉诸笔端。在《郁离子》中，他通过形象画面的勾勒，抒发了对元王朝苛政暴敛的愤懑，表达了对百姓的同情，体现了刘基强烈的民本思想。这在《灵丘丈人》中得到了鲜明的体现。该篇写一位养蜂老人，爱惜蜜蜂，勤于管理，悉心照料，结果获利甚巨，富比王侯。老人死后，子承父业，但对蜜蜂的态度判若天壤，其子只知坐收渔人之利而毫不爱惜，结果蜜蜂举族而去，家道因此中落。最后，作者通过陶朱公之口，道出了全篇的寓意："为国有民者可以鉴矣。"刘基反对统治者在经济上过分地剥取于民，尤其不赞成只知无限接克而不知爱护、培植的做法。

尤其值得肯定的是，在《郁离子》中，刘基认识到了起义产生的缘由。如在《术使》中，讲述了这样一个故事：楚地有以养狙（猕猴）为生者，人们谓之狙公。他要求群狙到山中求草木的果实也要交纳十分之一归己，如有不从，则加之以鞭箠，群狙深受其苦而不敢违。一天，有一小狙启发群狙：山中的草木并非狙公所栽，没有狙公，我们同样能够采到果实。结果众狙大悟，于是乘夜冲破栅栏，携果而去，狙公因此饥饿而死。刘基着力塑造了一个聪明睿智的先觉者的形象——小狙。运笔行文之间，不乏溢美之义。他认为"民犹沙也，有天下者惟能抟而聚之耳"。而现实则是不求其聚之之道，也就是不以仁德之政施之于民，对民众进行残酷的盘剥，“而以责民曰是顽而好叛。呜呼，何其不思之甚也!”这是十分犀利而深刻的。

刘基还通过寓言故事揭露了统治者残暴掠夺而又伪作仁爱的嘴脸。如《淳于髡论燕畔》中叙述了齐王伐燕时，取其财而俘其民，却又夸耀说是“不戮一人”。作者通过淳于髡的话指出：“君伐而取其财，迁其居，冤号之声訇殷天地，鬼神无所依归，帝怒不可解矣，而曰不戮一人焉。夫人饥则死，冻则死，不必皆以锋刃，而后谓之杀之也。”

刘基对元末官场的腐败现象十分愤慨，他在《郁离子》中往往将官僚们比喻成丑恶的动物，如在《千里马》的《燕王好乌》篇中将乌鸦比作朝中官僚。而燕王则好乌，“凡国有事，惟乌鸣之听。乌得宠而矜，客至则群呀之，百鸟皆不敢集也，于是大夫、国人咸事乌。乌攫腐以食腥于庭”。再如，在《弥子瑕》中记述了这样的故事：卫灵公对宠臣弥子瑕发怒，用鞭子抽打他，并把他赶出去。弥子瑕害怕，三天没敢上朝。卫灵公便问祝蛇弥子瑕是不是生气了。祝蛇便以狗为喻，说：“夫狗，依人以食者也，主人怒而扶之，嗥而逝。及其欲食也，蒽蒽然复来，忘其拱矣。今瑕，君狗也。仰于君以食者也，一朝不得于君，则一日之食旷焉，其何敢怼乎?”以狗喻卫灵公的幸臣弥子瑕，以鄙夷的笔调刻画了朝中官僚对君主摇尾乞怜的丑态。

刘基还对元朝军队暴虐腐败、鱼肉百姓的现实进行了讽刺。在《楚人养猴》中，以猴为喻讽刺了元朝军队掠夺百姓的丑态：楚人养猴，让它们穿上衣服，教其跳舞。一次宴会上，所有来宾都聚精会神地看猴子表演，并随着节奏打着节拍。一个儿童袖子中的茅栗掉了下来，猴子一见便都脱掉衣服去抢，弄翻了酒壶和桌子，楚人也无法呵止它们，十分狼狈。郁离子最后说："今之以不制之师战者，蠢然而蚁集，见物则争趋之，其何异于猴哉?"犀利深刻，入木三分。

总之，对元末社会黑暗现状的揭露和批判，表达忧时拯民思想的篇章在《郁离子》中占据了重要的地位。刘基在《鲁般》篇"郁离子之市"章中将元王朝比喻成一所"栋与梁皆朽且折矣，举之则覆，不可触已"的"坏宅"，既无良匠，亦无良木，元王朝大厦将倾是必然的。这为其后辅佐朱元璋打下了思想基础。

其二，系统的人才思想。《郁离子》是刘基在元末仕途屡受困顿时的激愤之作。由于怀才不遇的遭际，他在作品中多方面抒写了其举贤任能的人才思想。以《千里马》作为开篇之作。文章通过"马则良矣，然非冀产"遂被置之外牧的故事，辛辣地讽刺了元朝因种族、地域而用人的荒谬，表达了对元代用人唯重种族的政策的强烈怨恨，并谴责了统治者任人唯亲，将“狗偷鼠窃无赖之人”“食之于玉食，荐之以珠履”的极不合理的用人现状。刘基悲叹元代的人才制度，就如同“规矩无恒，工失其度，斧锯刀凿，不知所裁”。在这种情况下，即使是有鲁班也不能发挥作用，更何况没有鲁班呢？

刘基认为任用贤才是匡治天下的良药，治理天下就如同做医生一样，“治乱，证（症）也；纪纲，脉也；道德、政刑，方与法也；人才，药也”。整顿纪纲，德刑兼济，重用贤才是治国的关键。只要“其方与证对，其用药也无舛，天下之病有不瘳者鲜矣”。在《待士》中，作者详述了齐宣王在盼子的力谏之下，放弃了驯养鸟兽鱼鳖，最终“礼四方之贤士”，终于使“齐国大强秦楚”，形象地说明了能否举贤任能，礼贤下士，关系到国运的兴衰。同样，任人也要善别良莠，分清贤愚，不可“以羊负厄”“以豕骖服”。因此刘基提出了选贤任能的具体办法，即“必学而后入官，必试之事而能，然后用之”。对人才还需善于培养、合理使用、用人所长。他以树木为喻，认为：“其取材也，惟其良，不问其所产。枫、柚、松、栝、杉、楮、柞、檀无所不收，大者为栋为梁，小者为村为杨，曲者为析，直者为楹，长者为榱，短者为税，非空中而液身者，无所不用。”在《立教》中，提出君子用人要“量能以任之，揣力而劳之；用其长而避其缺，振其怠而提其蹶；教其所不知，而不以我之所知责之；引其所不能，而不以我之所能尤之”。只有因材而用，使用得当，不对人才求全责备，事业才会兴旺。刘基还认为，发现人才首先需要有识人才的伯乐，在《八骏》中，穆天子、造父等人就是善于识别马之良驽的伯乐。他们死后，便没有人能识马，因此，盗贼起时，无马可用，遂使天下萧然。

《郁离子》以寓言的形式，从发现人才到培养人才、尊重人才、使用人才以及人才对于治国的重要性等方面，系统形象地表现了刘基的人才观。

其三，揭示了丰富的人生哲理。《郁离子》中还通过许多生动的寓言故事晓谕了丰富的生活道理。如《主一不乱》中描写了屠龙子与都黎下棋的故事：都黎几次失败后，大家七嘴八舌帮助都黎，而屠龙子沉着以应，结果还是都黎遭受败绩。从而形象地说明了做事当主一则不乱的道理。又如，《捕鼠》记述了这样的故事：赵国有家人闹鼠患，向他人要了猫将老鼠捕食了，但是，猫也把鸡捕食了。儿子问，为什么不把猫除掉？父亲说，这你就不懂了，我最担心的是老鼠，而不是鸡没了。老鼠会吃我的粮食、衣服等，使我挨饥受冻。没有鸡吃与挨饥受冻相比差远了。因此，怎么可以驱除猫呢？故事启示人们应该抓住主要问题，不能因小失大。

再如,《虞孚》中写虞孚从计然那里学到了种漆的技术，三年之后收获了很多漆，正当其准备运到吴地去卖的时候，其妻兄说他曾看到人家卖漆的将漆叶膏放在漆中，能得成倍的利润，而别人也看不出来。虞孚听其言，就准备了很多的漆叶膏和漆到吴地去卖。吴人看了虞孚的漆很好，就回去取钱来买漆，虞孚趁机将漆叶膏和入漆中等吴人来取。吴人来后，看到漆上的封识是新加的便产生了怀疑，便相约二十天以后来取，二十天后虞孚的漆由于加了漆叶膏全部变质，虞孚因此无钱归去，沦为乞丐，最终死于吴地。这一故事对弄虚作假、唯利是图的人进行了嘲弄。《郁离子》中有多篇这样充满生活智慧和人生哲理的作品。

总之,《郁离子》是“阐天地之隐，发物理之微，究人事之变”，全面反映刘基政治、哲学、社会理想，揭露社会弊端的一部寓言体散文集，是一部艺术佳构，更是一部思想宝藏。

理浃于形、托喻为讽的审美风格

吴从善认为无论是思想内容，还是“辨焉而彰，简而严，博而切”的艺术特色，近世以来“未有如《郁离子》之善者也”。《郁离子》的审美成就是多方面的，其中最为突出地体现在以下两个方面。

其一，寓意深邃，颇富理趣美。《郁离子》是一部考求

“天地阴阳、性命道德、世运政治、礼乐法度之际”的著作，可见，内涵丰富、思想深邃乃是其重要特征。与之相联系，在艺术表现上，《郁离子》必然是一部充满理趣的作品。《郁离子》没有滞留于事事物物的表象描写，而是具有丰厚的内在神韵，有着耐人寻味的理趣美。明理，是作者孜求的首要目标，乃至有直接议论风发的篇章。刘基在寓言体散文中还以对话的形式，以主、客双方的互答增强论辩的效果。如《天道》即以盗子与郁离子之间的对话来阐论“天道好善而恶恶”的荒谬。《道术》则通过艾大夫与郁离子的对话，说明了使民之道在于“义”与“公”，而非“术”的道理。这些作品不但富有鼓动性，有纵横家、雄辩家的气势，而且增强了文章的逻辑性与理趣美。

在《郁离子》的篇什之中，到处都闪烁着刘基哲学思想的火花，屡次论及天人关系这一传统的哲学命题。他一改青年时代所作的《春秋明经》中的天人感应思想，轻天道而重人事的表述在《郁离子》中比比皆是。他的这一思想转变过程在《天道》中留下了明显的烙印。在《郁离子》通篇中，“郁离子”往往是作者的化身，是作者思想的正确陈述者，而在《天道》中，“私于天”的郁离子在盗子的连连诘问之下，辞穷理屈，窘态毕现。这种现象的出现，与其说是偶然，不如说是作者的自责，是作者自省后的思想跃进。此篇以盗子问郁离子是否“天道好善而恶恶”起笔，郁离子作了肯定的回答，接着盗子以“天下之生善者宜多而恶者宜少”，然而事实与此恰恰相反，通过连连发问，对神学天道观进行了痛快淋漓的驳诘。在《生物无心》中，郁离子发出了这样的感叹：“呜呼，天下之乱也，天亦无如之何矣。”揭去了“天”的神学面纱。同时，作者还引出了一个本体论的哲学范畴——气。“夫天，浑浑然气也，地包于其中，气行不息，地以之奠。”用哲学的范畴对自然、万物进行了诠释，而作为万物之灵的人，自然也被涵盖于其中。“天以其气分而为物，人其一物也。天下之物异形，则所受殊矣。”与汉代王充的“天地，含气之自然也”，“人，物也，万物之中有智慧也。其受命于天，禀气于元，与物无异”，有颇多相通之处。可见，《郁离子》是直接体现刘基哲学思想，并具有很强思辨性色彩的著作。

然而，《郁离子》又不是纯粹的议论文，其中很多篇章寓理趣于形象生动的描绘之中。如《牧豭·世事翻覆》：

郁离子与客泛于彭蠡之泽，风云不兴，白日朗照，平湖若砥，鱼虾之出没皆见，晶如也，豁如也，左之右之无不可者。客曰：“有是哉，泛之乐也！吾得托此以终其身焉足矣！”已而，山之云出如缕，不顷刻而翳日，风欻然薄石而偃木，鼓穹堪而雷九渊，轮旋而箕簸焉。客蹉不能立，俯而哕，伏而不敢仰视，神逝魄夺如死。曰："吾往矣！吾终身不敢复来矣！"

刘基对鄱阳湖阴晴不同情景的描绘，寄寓了人们应该预识并适应世事变异的道理，警示人们"天下之久安也，人恬不知患"，后果将会不堪设想。文中对鄱阳湖风云骤起的恐怖之景描摹得尤其生动细致，凸显了准备患难将至的迫切。除此，《郁离子》中还有很多细致的描写，如《瞽聩·即且》中描写即且（蜈蚣）遇到蝁（一种毒蛇）便"追之，临旋焉绕之，蝁迷其所如"，把体长毒大的蝁置于死地，即且狡黠好斗的情态毕现。当遇到小而毒的蛞蝓（俗称鼻涕虫）时，即且不听规劝，以能啮食毒蛇而自得，试图"跂其足而凌之"，结果触蝓的黏液而动弹不得，最后被蚂蚁所食。虽然对即且着墨不多，但将其骄狂自矜，得小胜便忘乎所以，不听规劝的性情表现得淋漓尽致。描写之生动，遣词之熨帖，可与柳宗元《蝜蝂传》媲美。同样，在《救虎》中，对虎的描写，用语虽十分简括，但极为准确、精细。当虎溺江中时，因距离较远，仅看到"有兽身没波涛中而浮其首，左右盼若求救者"。救到船上，始知"乃虎也"，因全身是水，"始则蒙蒙然，坐而舐其毛"。到岸上后，便凶相再露，"瞠目视道士，跃而攫之仆地"。不同情状下虎的神态、动作描绘得栩栩如生。

其二，强烈的讽刺色彩。《郁离子》中对现实的批判是辛辣而深刻的，作者时常通过强烈的嘲讽来增强这种批判的效果。如《蜀贾》通过三个卖药蜀商的不同品德和遭遇映衬三个县官："其一廉而不获于上官，其去也无以僦舟，人皆笑以为痴。其一择可而取之，人不尤其取而称其能贤。其一无所不取以交于上官，子吏卒，而宾富民，则不待三年，举而任诸纲纪之司，虽百姓亦称其善，不亦怪哉！"清廉者反遭耻笑，贪纵者则反受褒赞。通过是非颠倒的故事，表明当时贪污公行，清廉者鲜见，深刻地揭露了社会的评价标准已全部颠倒的现实。

对于现实中不良品德、习惯等，《郁离子》中也屡屡予以嘲讽。如对于贪图小利、爱财如命、自作聪明的人，刘基在《句章野人》中进行了讽刺：

句章之野人，翳其藩以草，闻唶唶之声，发之而得雉，则又翳之，冀其重获也。明日往聆焉，唶唶之声如初，发之而得蛇，伤其手以毙。

郁离子曰："是事之小，而可以为戒者也。天下有非望之福，亦有非望之祸。小人不知祸福之相倚伏也，则幸以为常。是故失意之事，恒生于其所得意，惟其见利而不见害，知存而不知亡也。"

因偶尔得雉，遂生贪利之心，结果送了性命。警示人们得意之时不可忘乎所以，贪利而致祸。同样，在《山居野狸》中通过狸被诱捕器捆住但至死不肯松开鸡的故事为衬托，描写了宋国地方官收贿赂，被拷打也不吐实情，直至被打死的故事。尤其是这个地方官临死之前还偷偷告诉儿子："善保若货，是吾以死易之者。"对"死货利者"的荒唐行为进行了尖锐的讽刺。

除此，《郁离子》中还有一些嘲笑不良性情的篇章。在《窃糟》中讲述了一位喜好佛教的人，每次与人谈论学问道理，必定以佛学知识来超越对方，并认为这是自己独到的见解。刘基则通过郁离子之口讲述了这样一个故事，对以不知为知，拾人牙慧而沾沾自喜，到处炫耀的人进行了嘲讽：

> 昔者鲁人不能为酒，惟中山之人善酿千日之酒。鲁人求其方弗得。有仕于中山者，主酒家，取其糟粕以鲁酒渍之，谓人曰："中山之酒也。"鲁人饮之，皆以为中山之酒也。
>
> 一日，酒家之主者来，闻有酒，索而饮之，吐而笑曰："是余之糟粕也。"今子以佛夸予可也，恐真佛之笑子窃其糟也。

刘基的寓言体散文从其学术渊源来看，取法多元，既祖法了先秦寓言散文雄肆的一面，同时，又与唐代柳宗元寓言体散文针砭时弊的现实取向颇多相通之处。如柳宗元在寓言体散文《骂尸虫文》中，借描述“人皆有尸虫三，处腹中，伺人隐微失识，辄籍记”并“出谗于帝以求飨”的故事，嘲刺了反对革新的官僚们的丑态。同时，柳宗元寓言体散文中反映民众疾苦的作品，如《捕蛇者说》，深刻地揭露了苛政猛于虎的残酷现实。而《郁离子》中揭露社会黑暗、百姓苦难的作品比比皆是。他们都将社会批判作为首要目的。就形式而言，柳宗元、刘基的散文一般都具有叙议结合、卒章显志的特征。同时，刘基又后出转精，其寓言体散文还有超迈古人的独到之处。尤其是他的寓言体散文集，或叙述描写，或政论推理，系统地表现了其政治、哲学、人才等方面的思想，系统全面、丰富深刻。寓言体散文是刘基思想的重要载体，是其“文以理为主”文学观念的体现与实践。

杂文、赋与游记

《郁离子》是刘基的传世名作，但刘基的散文成就并不限于《郁离子》，他还有多种体裁的文章传诸后世，如表、颂、序、跋、游记、铭、箴、赞、赋及连珠体作品，等等。兹择其要，分述如次。

杂文

刘基作“拟连珠”六十八首，“问答语”四篇，均属于刘勰《文心雕龙》中所列的杂文一类。“连珠”是肇始于扬雄的一种介乎散文与韵文之间的体裁。其特征是借譬喻委婉地表达意旨，刘勰谓其“文小易周，思闲可赡。足使义明而词净，事圆而音泽，磊磊自转”。因其如明珠连贯而得名。这一体裁其后并不多见，刘基作“拟连珠”，明代竟陵派文人钟惺评论道：“居身涉世之理，用贤治人之道，与夫阴阳祸福，盛衰治乱无不具备于六十八首，寝食其中有无穷受用处，公真教敷药一时，泽被千古者也。文情蒸蔚，又其余耳。”“拟连珠”中人才学思想尤为丰富，正可与《郁离子》互相发明。“拟连珠”语言警策明了，音律和美，别具风格。

“问答语”包括《卖柑者言》《樵渔子对》《答郑子享问齿》《愁鬼言》四篇。其中有些作品与古人“对问”体裁一样，表达了对屏居山林生活的向往。如《樵渔子对》认为，“采山林以食力，钓清泠以自适；日高而起，日入而卧，目不接市肆之尘，耳不受长官之骂；俯石泉以莹心，搴芳兰以为藉；荣与辱其两忘，世与身而相谢”的隐者生活“近乎道”，从中可以看出刘基特定时期的人生旨趣。《愁鬼言》则是以奇幻的构思、曲折生动的情节警示人们应该豁达开朗。《卖柑者言》则是一传世名篇，虽然仅三百多言，但以雄肆的语言，深刻地揭露了欺诈公行的社会现实。文章以第一人称写杭州卖柑的商人很会贮藏柑，虽经冬夏而不溃烂，看上去光鲜如新。但剖开一看，中间则干枯如败絮。“我”很诧异，于是责问他骗人太甚。没想到卖柑的商人淡然一笑，竟然理直气壮地回击“我”：“世人欺骗人的事太多了，难道就我一人吗？您也不想一想，当今佩戴虎牙符，高坐在虎皮椅上，威风凛凛的大将军，难道真有孙武、吴起那样的韬略吗？那些峨冠博带的文臣，气宇轩昂，像是栋梁之材，难道真的能像伊尹、皋陶那样建功立业吗？盗贼蜂起而不知如何抵御，百姓困苦也不知如何解救，官吏枉法不知如何禁制，法纪败坏也不知如何治理，徒拿俸禄耗费国库而不知羞耻。你看他们坐高堂，骑骏马，饮美酒而食鱼肉，哪个不是威风八面令人生畏？气势煊赫一时啊！他们哪一个不是金玉其外，败絮其中啊？你这先生，怎看不到这些，而专门来挑剔我的柑呢？”听了卖柑者的话，“我”无言以对，退思其言，觉得他很像是东方朔一样的人物，借卖柑来讽刺当世。

该文虽然不长，但以精巧的结构，犀利的笔触，雄肆的语势，通过卖柑者之口，痛快淋漓地揭示了元末文武官员“金玉其外，败絮其中”的实质。亦谐亦庄，发人深省。

刘基的杂文与《郁离子》寓言体的风格十分相近。《答郑子享问齿》中的齿神老罗、蚀牙小鬼，《愁鬼言》中的愁鬼，都写得栩栩如生，想象奇幻。而《卖柑者言》则以柑为喻，具有强烈的讽喻色彩。《樵渔子对》则在问者与隐者的对话之中大量用喻，生动形象。

赋

刘基的赋作虽然也辞采绚丽，但主要表现了不遇于时的郁愤心态，当属于“为情而造文”之作，但并无“繁华损枝，膏腴害骨”之弊。值得特别指出的是，刘基的赋在形式上有追慕上古的特色。

赋大致经过了这样的发展过程：屈原等人以用楚声的骚赋肇其端，到不用楚声，对偶多于散行的汉赋，再到六朝骈赋，唐以后的律赋，直到唐宋古文运动的兴起，赋也趋于散文化，形成了散文赋，如苏轼的《前赤壁赋》等。但刘基的八篇赋中，除了《龙虎台赋》为搏击科场时作，限于令甲为散文赋外，五篇为骚赋，《伐寄生赋》《通天台赋》两篇骚体与散文体杂用。刘基之所以对用楚声的骚赋情有独钟，是与其赋作的内容分不开的，诚如《述志赋》中所云：“楚屈原之独醒兮，众皆以之为咎。欲振迅以高兴兮，哀时世之异常”，他自感与屈原一样“忠有蔽而不昭兮，道有塞而不行”。而骚赋尤其擅长表现愤激的情怀。四篇凭吊先烈时贤的作品或“悲逝者之不回兮，邈英风于万古”。因此，这些赋作的基调都悲慨沉郁。刘基用楚声、师骚赋是由其悲叹“上壅蔽而不昭兮，下贪婪而不贞”的世况以及“士不遇时”的辞赋题旨决定的。

刘基的赋作一般都有为而发，或吊古以喻今，或借物以明志。这些作品中也有与寓言体散文相顾盼的特色，如《伐寄生赋》便是一篇讽喻之作，赋序以第一人称的口吻写了作为山居树木，受寄生异类的困扰，后以斧钺之，使老干挺立，新黄濯如。在赋中对附丽而生的枝蔓进行了讽喻，最后以树喻人，“物犹如此，人何以堪?”“蠹凭木以槁木，奸凭国以盗国”，表达了“非其种者锄而去之”的激浊扬清的决心。全篇借物以明志，笔锋锐利，体现了他强烈的现实情怀。

刘基的赋作有些以想象丰富、描绘生动见长，如《龙虎台赋》《通天台赋》两篇铺张华丽、闳衍博丽、色彩斑斓。值得一提的是，一是科举场屋之作，一是怀古虚拟之作，并无实际登临的经历，但全篇写得仍气势宏阔，生动形象，充分体现了刘基丰富的想象力与精湛的语言功力。刘基的八篇赋作，内容颇丰，形式上也涉及骚赋、骈赋、散文赋等，风格亦各有不同。这一切，对明代文坛复古之风的形成起到了引导作用。

游记

刘基散文中另一具有很高成就的是游记散文，这些作品都写成于元末，多为作者遭受人生挫顿之时所作，尤其是羁管绍兴之时，忠而见弃，愤郁难平，于是追慕柳宗元谪居岭外时，借山水以解愁。诚如其《游云门记》中说："昔唐柳先生谪居岭外，日与宾客为山水之游。凡其所至一丘一壑，莫不有记。夫岭外黄茆苦竹之地，有一可取，犹以表而出之，而况于云门若耶以山水名为天下者哉？惜余之荒陋不足以发扬之也。"其写下的游记有《游云门记》《出越城至平水记》《活水源记》《自灵峰适深居过普济寺清远楼记》《登普济过明觉寺至深居记》《深居精舍记》《松风阁前记》《松风阁后记》《横碧楼记》。游萧山诸地又作有《白云山舍记》《怡怡山堂记》《棣萼轩记》《鱼乐轩记》等。

刘基的游记风格多样，或清新秀美，或辞采富丽，或议论风发。秀美如《活水源记》，颇得柳宗元散文的神韵：

> ……有泉焉，其始出石罅，涓涓然，冬温而夏寒，浸为小渠，冬夏不枯，乃溢而西南流，乃伏行沙土中。旁出为四小池，东至山麓，潴为大池，又东注于若耶之溪，又东北入于湖。其初为渠时，深不逾尺，而澄澈可鉴，俯视，则崖上松竹华木皆在水底。

就表现手法而言，刘基的游记散文善于以喻状物，新颖传神。如写金鸡峰上的三松时，以精致的笔触描写了苍松随着风力的变化而呈现出的不同的情状：

> 微风拂之，声如暗泉飒飒走石濑。稍大，则如

奏雅乐。其大风至，则如扬波涛，又如振鼓，隐隐有节奏。

（《松风阁记一》）

写阁后峰巅之上的劲松：“仰幢葆临头上。当日正中时，有风拂其枝，如龙凤翔舞，离褷蜿蜒，嫪辖徘徊。”在风的吹拂之下发出的阵阵声响：

有声如吹埙篪，如过雨，又如水激崖石，或如铁马驰骤，剑槊相磨。戛忽又作草虫鸣切切，乍大乍小，或远若近，莫可名状，听之者耳为之聪。

（《松风阁记二》）

刘基借游记以遣兴抒怀，所作质文并茂，相得益彰，腾挪变幻，摇曳多姿，与其寓言体散文相映成趣，代表了元明之际文坛的最高成就。

总之，刘基之文牢笼万汇，内容丰富多彩。在艺术上“文锋四出，如千金骏足，飞腾飘瞥，蓦涧注坡”。形理相浃，高古奇峭，在明代文学史上写下了浓墨重彩的一页。

第 4 章

神化稽实与著作考辨

神化刘基的轨迹及原因

刘基是元明之际一位学究天人的杰出人物，是杰出的文学家、军事家和思想家。刘基学富五车，但其学术是驳杂的，对于天文历数、堪舆占卜也颇为通晓。当元末群雄逐鹿之时，朱元璋颇信占验方术，刘基也往往借星象历数以陈述其政治观念、军事策略，以便能很快得到朱元璋的采纳。其后，好事者踵事增华，附会推演，逐渐将刘基描绘成无所不能、预知数百年的神话人物。考察刘基从历史到神话的轨迹，既可以使我们更清楚地了解历史上真实的刘基，也可以揭示神化背后的原因，了解刘基作为一种文化现象的历史作用。

被神化的原因

神化刘基的原因较为复杂，概而言之，主要有三个方面。

其一，神化刘基往往与一定时期的政治需要有关。朱元璋是由市井细民而登上王位的，他十分需要找到君临天下乃奉天承运的证据。神道设教，直接神化朱元璋当然是十分便捷的途径，于是，明余继登《典故纪闻》作为一部“记注实录润色之词”的著作，开篇就有这样的文字：

> 太祖攻陈野先时，方假寐，有蛇缘臂而走，左右惊告，视之。蛇有足，类龙而无角，意其神也。祝之曰：“若神物则栖我帽缨中。”蛇徐入缨中，太祖举帽戴之。

这一故事后来越说越神奇，到明中叶徐祯卿的《翦胜野闻》中已变成了“白龙夭矫自兜鍪中出，挟雷声，握火光，腾空而去”，灵蛇完全变成了真龙。

但这种神化的途径存在目的性太明显的缺陷，而侧面的证明往往效果更佳。于是，踪迹难觅、莫可测识的周颠仙等人自然进入了朱元璋等人的视野，这样我们就不难理解何以朱元璋如此详尽地亲撰《周颠仙传》及《明史·方伎列传》。

明代的开国功臣，通晓天文堪舆之学，又“旁通天官阴符家言”的刘基自然成为被神化的首选目标。因此，刘基被神化，往往是出于一定的政治需要。除了朱明王朝之外，其后的清王朝乃至革命团体、宗教团体、秘密会社也借神化刘基而达到一定的政治目的。

其二，神化与民众对刘基的崇仰有关。刘基是一位“立功、立言、立德”三不朽的杰出人物，他的博识、智慧，尤其是其刚正不阿的气节，忧国爱国的情操深受百姓的尊崇，因此，刘基又被百姓神化成逆知未来、为民请命的神秘人物。民间传说异闻又被载诸文字，成为小说稗史中的重要素材，强化了刘基被神化的力度，并得到进一步的渲染和丰富，这就使得他的形象与历史上真实的刘基越来越远，渐而成为艺术化的文学形象。如果说庙堂之上神化刘基主要是统治者神道设教的政治需要，那么来自阎闾委巷的小说稗闻中的刘基则是百姓文化的一部分，其中当然也寄寓了民众的一些祈愿。

其三，刘基后裔也具有神化祖先的可能性。据杨讷先生的研究，现存的署名黄伯生所撰的《诚意伯刘公行状》是他人托名代笔之作，是明永乐二年（1404）随刘基之孙诚意伯三世刘廌所编的《翊运录》面世的，目的是强化先祖的事功，以巩固家族的爵位。《诚意伯刘公行状》（以下简称《行状》）除详细记载了刘基的生平之外，还记述了他的诸种神异之事，如：

尝游西湖，有异云起西北，光映湖水中。时鲁道源、宇文公谅诸同游者皆以为庆云，将分韵赋诗，公独纵饮不顾，乃大言曰："此天子气也，应在金陵，十年后有王者起其下，我当辅之。"时杭城犹全盛，诸老大骇，以为狂，且曰："欲累我族灭乎？"悉去之。公独呼门人沈与京置酒亭上，放歌极醉而罢。

上使都督冯胜将兵攻某城，命公授方略。公书纸授之，使夜半出兵，云："至某所，见某方青云起，即伏兵，顷有黑云起者，是贼伏也，慎勿妄动，日中后黑云渐薄，回归青云接者，此贼归也，即衔枚蹑其后击之，可尽擒也。"众初莫肯信，至夜半，诣所指地，果有云起如公言，众以为神，莫敢违，竟拔城擒贼而还。

一日，公见日中有黑子，奏曰："东南当失一大将。"时参军胡琛伐福建，果败没。他日公见上，上方欲刑人，公曰："何为？"上语公以所梦，公曰："是众字头上有血，以土傅之，得土得众之象，应在得梦时三日，当有报至。"上遂留所欲刑之人以待之。三日后，海宁以城降，果如公言。

《行状》作为家乘，对刘基的预测神算有溢美乃至神化描写不难理解，其中对“西湖望云”一事记载尤详，这当与刘氏家境有关。明洪武十二年，刘基长子刘琏为胡惟庸党羽所胁，坠井而死。迄至洪武十六年（1383），朱元璋杀戮勋臣的大狱已经兴起，与刘基一同佐命的宋濂也受到牵连。当时满朝风声鹤唳，人人自危。刘璟等人在刘基死后八年，又为先考撰修《行状》并非偶然，一方面固然是为了表彰刘基勋业，另一方面敷陈刘基识真主于未发之称的情状，借此以表明恭奉朱元璋的心态，从而起到避祸的作用。

神化的过程与内容

刘基被神化的过程与内容在不同的时期、不同的地区也不尽相同，其中影响较大的主要包括西湖望云、石室得书、鄱阳湖更舟、筑城之谶、《烧饼歌》及其他谶言。

其一，西湖望云。《行状》记载了“西湖望云”的故事，自然成为朝廷用来佐证奉天承运的证据。明武宗正德九年十月所作的《赠谥太师文成诰》，虽然篇幅不长，但明确写道：“（刘基）占事考祥，明有征验，运筹画计，动中机宜。盖始见异云而识王气，复仰指乾象以示天心。”帝王赐诰有此记载，使得野史遗闻、笔记小说等作品更增添了肆意渲染的材料，使其更加荒诞不经。如都穆的《都公谈纂》、祝允明的《野记》、徐祯卿的《翦胜野闻》、王文禄的《龙兴慈记》等。其中《龙兴慈记》载：

> 刘伯温见西湖五色云起，知为天子气，应在东南。微服以卦命风鉴游江湖间，密访之，先至会稽王冕家，与之同行竹林中，潜令人放炮，冕闻响而惊。叹曰："胆怯。"往海昌贾铭家，时新建厅堂精洁，唾汗之铭。出见，命拭去，叹曰："量小。"遂往临淮见人人皆英雄，直谅屠贩者，气宇亦异，买肉讨饶，即大砟一块与之，算多王侯资人命，叹曰："天子必在此也，不然何从龙者之众邪？"

《英烈传》中则将西湖望云、石室得书、法伏猿降结合在一起，变成前后相连的两个故事。

其二，石室得书。最早记载刘基生平的《行状》对此并没有述及，仅有这样的记载："公（刘基）在燕京时，间阅书肆，得天文书一帙，因阅之。翊曰即背诵如流，其人大惊，欲以书授公，公曰：'已在吾胸中矣，无事于书也。'"但焦竑《玉堂丛语》则记载为：

> 刘青田读书青田山中，忽见石崖豁开，公亟趋之，闻有呵之者，曰："此中毒恶，不可入也。"公入不顾。其中别有天日，见石室方丈，周回皆刻云

龙神鬼之文。后壁正中一方，白如莹玉，刻二神人相向手捧金字牌，云：“卯金刀，持石敲。”公喜，引巨石撞裂之，得石函，中藏书四卷，怀出，壁合如故。归读之，不能通其辞。乃多游深山古刹，访求异人，至一山室中，见老道士冯几读书，公知其非凡人也，再拜恳请，道士举手中书，厚二寸许，授公，约旬日能背记乃可受教，不然无益也。公一夕记其半，道士叹曰：“大才也。”遂令公出壁中书，道士贤之，笑曰：“此书本十二卷，以应十二月，分上中下，以应三才。此四卷，特其粗者，应人事耳。”乃闭目讲论，凡七昼夜，遂穷其旨。

在《英烈传》中，关于石室得书的描写更加生动，虽为小说家言，但其中还是将刘基得书的故事与“真命天子”紧紧地联系在一起了。在其第十七回《古佛寺周颠指示》中，写元朝的太保刘秉忠的孙子刘基，中了元朝进士，做高邮县丞，尚未到半年，猛然想起如今英雄四起，这个官哪里是结果的事业，于是弃了官职回乡。近一年后，忽然一天山崖边豁地响了一声，石门洞开，伯温便进去，“又走了数百步，忽见日色当空，天光清朗，有石室如方丈大一个所在。石室上看有七个大字道：‘此石为刘基所破。’伯温心知此是天意，令我收此宝藏。遂拾个石子，向那石上猛击一下，只见豪光万道，即时裂开，一个石函中有朱抄的兵书四卷”。《英烈传》中不但将刘基附会成刘秉忠的孙子，而且将高安县丞改成高邮县丞。并且还加了白猿护书的故事，更增添了奇异灵妙的色彩。书中说正当刘基将书藏在袖中走出时，枯藤上跳出一只白猿，张口向伯温扑来。后白猿忽作人言，说：“自汉张子房得黄石公秘传之后，后来辟谷嵩山，半路中将书收藏在内，便命六丁、六甲，拘本山通灵神物管守。”后来丁甲大神在云头上一望，看见小猿颇有些灵气，于是留侯用手打了一个圆圈，便让小猿在此。刘基按书中咒语，将白猿放了。后来白猿兴妖作怪，刘基设法拿下白猿，伯温问其为何如此，那白猿叩头谢了前日释放之恩，便说：“近因城外钟离东乡皇觉寺内，有个真命天子，因此，各处神祇都去护卫，我那日便敢斗胆在云中翻筋斗过来，不意今日撞见喜新厌旧的恩主，望恩主宽恕。”于是刘基寻访真主。接着便记述了西湖望云的故事。

不难看出，见之于讲史一类的小说中的刘基更加神异莫测。经文人们加工后的刘基“事迹”也更加丰富，情节更加起伏跌宕。同时，将刘基与“真主”联系得更紧了。

其三，鄱阳湖更舟。朱元璋统一天下进程中最为激烈的一场战役是与陈友谅之间的鄱阳湖大战。此战刘基随侍左右，贡献猷谋，在此过程中刘基可能觉察到陈军发现了朱元璋的舟船，于是催促朱元璋更舟，但后世附会出了诸种神异之说。对于刘基随朱元璋在鄱阳湖大战陈友谅，最早在朱元璋洪武元年十一月十八日所作的《御宝诏书》中有这样的记载：

> 至于彭蠡之鏖战，炮声击裂，犹天雷之临首，诸军呐喊，虽鬼神也悲号。自旦日暮，如是者凡四，尔亦在舟，岂不同患难也哉？！

其中并未述及更舟一事。同样，《行状》也没有记载。但《遵闻录》则加入了更舟的情节，并进行了绘声绘色的描写：

> 太祖亲征陈友谅，大战于彭蠡湖，与伯温皆在御舟，以观将卒搏战。伯温忽跃起大呼，太祖亦惊起，疑其作乱，见伯温双手麾之，连声呼曰："难星过，可更舟。"太祖如其言而更之。坐未半饷，旧舟已为敌炮击碎矣。

所谓见难星过而更舟的情节，不见于刘氏家乘的记载，但大约在隆庆年间（1567～1572）始附会而成，并被尹守衡《明史窃》、张廷玉《明史》等采录。其实，这一情节自隆庆年间即颇受疑问，隆庆进士赵善政在《宾退录》中就说："或曰：此周颠仙事，传者误为伯温耳。"刘基观天象而趋朱元璋更舟，虽然也是描述了洞识天意的刘基佐命救主的故事，但是，这一时期明王朝已建立多年，已无须证明太祖乃真命天子，同时，家乘并无记载，显然也不是刘氏后裔神化先祖之作，而极可能是民间或文人崇仰刘基，而神化了其观象的灵验。

其四，筑城之谶。明王朝建立之前，朱元璋曾命刘基卜地定作新宫。但《行状》《神道碑》《明史·刘基传》都不见载，值得玩味的是《明太祖实录》卷二十一有这样的记载：

> （至正二十六年）八月庚戌朔命拓应天城，初建康旧城西北控大江，东近白下门外，距钟山既阔远而旧内在城中，因元南台为宫，稍庳隘。太祖乃命刘基等卜地，定作新宫于钟山之阳，在旧城东白下门之外二里许。故增筑新城，东北尽钟山之趾，延亘周回凡五十余里。规制雄壮，尽据山川之胜焉。

《明太祖实录》修纂过程比较复杂，建文元年（1399）由董伦等修纂，永乐元年（1403）解缙等重修，其后，永乐九年（1411）胡广等复修。《太祖实录》屡经修纂核心在于永乐乃逐建文而登大位，《明太祖实录》的内容便因这一政治的需要而修改。修改后的《明太祖实录》中没有直接加上谶语，可能还是因为直接描写太过露骨，与视若神圣史鉴的《明太祖实录》文体相去太远。谶纬虽然对于证明新帝的登位乃“奉天靖难”颇为实用，但由于民间起义也往往假借谶纬，号召民众，因此，自曹魏以降，历代统治者都禁止谶纬。隋炀帝曾发使四方，搜集谶纬秘籍焚毁。这样看来《明太祖实录》没有记载谶语并不奇怪，但是，“卜地定作新宫”已为后来种种预言的出笼埋下了伏笔。其后，明人梁亿在《遵闻录》中就有这样的文字：

> 洪武初，京城既定，上谓诚意刘伯温曰：“城高如此，谁能逾之？”伯温对曰：“人实不是逾，除是燕子。”燕国太宗所封之国，燕子盖指太宗而言，隐语也。然则伯温当时盖以预知太宗之必有天下也。太宗未起兵时，江淮间有天子气。既克太平而金陵中亦当有天子气。盖帝王之兴，天地之为预发其象如此。

刘基筑城的谶言不但被永乐所利用，入清以后，筑城的故事又被清人附会，成了清人入主中原的天意佐证。如清人褚人获《坚瓠集》六集卷四《金陵殿基》曰：

> 高皇帝建都金陵，命刘诚意相地，筑前湖为正殿。基业已植桩水中，上嫌其逼，少徙于后，诚意见之，默然。上问之，对曰：“如此亦好，但后不免迁都之举。”时金陵城告完，高皇帝与诚意视之曰：“城高若此，谁能逾之？”诚意曰：“除非燕子

能飞入耳。”其意盖谓燕王也。高皇又问诚意国祚短长，诚意曰：“国祚悠久，万子万孙方尽。”后泰昌，万历子。天启、崇祯、弘光皆万历孙也。果符其谶。

清人附会刘基的谶言具有重要的政治作用。既然“万子万孙方尽”，也就是说明代国祚至崇祯、弘光而尽乃天意所使，那么，南明小朝廷的存在就是有悖天意的，明代孤臣遗民们的抗清之举也是违背天意的逆行。这一小小谶言，对瓦解抗清之师人心所起的作用，不容小觑。

其五，《烧饼歌》及其他谶言。明清之际从政治的角度神化刘基还不仅限于筑城，如吕毖辑《明朝小史》载：

成祖定鼎于燕都，大内有密室，刘诚意留秘记焉，镉键甚固，相诫非大变不启。帝在位十六年，边患孔急，欲启视之，掌印内臣叩头，固课不听。室中惟一柜，发之得绘图三轴，第一轴文武百官数千，俱手执朝笏，披发乱走。帝诘问，内臣叩头云：“或恐是官多法乱。”第二图绘兵将倒戈弃甲，穷民负襁逃状。上又问，内臣又叩头答云：“或是军民背叛也。”上不觉勃然变色，内臣请止，上必欲再展第三轴，轴中像皓肖圣容，身穿白背心，右足跣，左足有袜履，披发中悬，厄运有定，至诚可前知也。

也就是说，崇祯自缢，明朝灭亡同样是天意所致，这一带有谶纬色彩的故事显然与清廷有关。不但如此，刘基还曾被清代排满的秘密会社所利用，据美国华盛顿大学陈学霖先生考证：咸丰、同治间传抄的天地会文献里，刘伯温便被崇祀为襄助排满的民族英雄，在天地会的神坛“木场城”，伯温与诸葛亮并列一席，其上有“伯温塔”，扬言相传他遗下锦囊妙计，诩助志士把清人剪除。现存的几首托名刘基和歌颂他的诗歌，都是以谶语寓意，借此鼓吹反清复明的大业，例如《伯温塔诗》便说：“大明始创刘军师，辞官不做效先贤。宝塔流传山上去，锦囊批落把闭（清）除。”陈学霖先生则说：“由此可见，经过秘密会党的附会宣传，刘伯温便跃升为先知先觉、预言推翻清朝的汉民族英雄，使他在近代国民革命占有一席神格化的不朽地位。”

刘基被神化得最为玄妙，也就是将其作为预言家化身的是《烧饼歌》。这也是清中叶以来最为著名的一部谶纬之书。据说这是刘基因朱元璋询问国家未来命运，预测自明初至民国几百年所发生的大事而作。其后，好事者又对《烧饼歌》进行注释，将书中谶言与当代重要历史事件相附会，迄今仍在流传，尤其是在海外华人地区影响甚大。

《烧饼歌》有多种版本，内容稍有不同。其书得名于这样的故事：朱元璋召见刘基，刘基入见时，适逢朱元璋正在吃烧饼，见刘基将入，便以碗盖饼，问刘基是何物，刘基答中，朱元璋惊异，遂问其天下后事，刘基一一条答。刘基所言以拆字的方式缀成诗句，每诗谈一事，注文说明预言应验。就内容看，明代的部分较为详细，清代的部分则隐晦难测，后人以注文附会牵强。注解者无非是利用民众对刘基的崇敬而达到各自的目的。因此，《烧饼歌》的形成其实是一个动态流变的过程。陈学霖先生认为："殿笔者显然是响应革命的会党分子，原因是书里嫁名刘伯温的谶语，都是预测清朝的覆亡和国运的更新。"当然，托名刘基的谶语并没有到《烧饼歌》为止，民国以后还广为流传的刘基策动在八月十五中秋日起杀鞑子的传说故事，同样是依傍于《烧饼歌》而进行的一个民族运动。因此，刘基被神化不单单是一个纯粹的学术问题和文学娱情手段，刘基的神化以及谶语往往还与王朝更迭、社会重大事件交织在一起，成为社会变革过程中发挥了一定作用的精神和信仰资源。

当然，刘基被神化还不止以上所述的内容，民间传说、野史杂记、小说稗乘还有种种不同的记载与流传。如陈学霖先生研究刘基数十年，有多种论著问世，其中就有台湾东大图书公司出版的《刘伯温与哪吒城——北京建城的传说》一书。该书在详细考察了北京城建置沿革的基础上，从民俗学、宗教学、历史地理学等方面研究了刘伯温建造北京城传说的原因。虽然这一传说完全是虚构的，但从中还是可以看出背后的历史文化原因。传说中将刘秉忠建哪吒城改成刘伯温建哪吒城，因刘基曾依朱元璋之命规划南京城，而北京的紫禁城是按照南京的城图建筑，故而有此传说。同时，刘基在民间又是被崇祀为反清复明的大预言家，因此，传以刘基建城，表达了当时民众的情感寄寓。传说中还有刘基与永乐时的佛教谋臣姚广孝竞赛绘画城图，二人同时照着哪吒画，姚广孝画的少了一块，让刘基争得先机。陈学霖先生认为，这是因为："在明代民众心里，姚广孝不独在才能功业上逊色于刘伯温，而且受到鄙视贬诋，主因是他参赞翊助燕王'靖难'，篡夺建文帝位。在官修的历史里，'成者为王，败者为寇'，永乐帝和姚广孝都得到'正统'地位，但是在多数士庶眼中，他们是僭位者和帮凶，因此，野史稗乘所见的姚广孝多是歹角，遭到谩骂唾弃。由于这个缘故，在这些北京城建造的传说故事里，刘伯温是个大军师，不但道艺比姚广孝高超，而且是个堂正的君子；反之，姚广孝不独造诣输逊，还是个心胸浅狭的小人。这般厚此薄彼，并不纯然出于一已的好恶由说臆造，实则反映明代以来，民众对这两位历史人物的评价。"

刘基被神化的过程是一个复杂的社会文化现象，虽然谶纬附会、占验预卜都带有浓郁的神道设教的色彩，但是，刘基神异的色彩从主体上而言还是正面的，是作为社会发展变化的推动者出现的。刘基被神化的程度在历史上鲜有出其右者，虽然诸葛亮在民间也有巨大的影响，但诸葛亮主要是聪明睿智的化身，而刘基则主要是被神化为指出未来大势的人物。刘基的神化关乎时代变迁、社会变革，从中亦可见社会的祈愿、民心的向背。因此，刘基的神化是关乎社会学、宗教学、历史学等诸种学科的综合性的学术课题，同时也是一个值得深入研究的、难度颇大的课题。陈学霖先生对这一课题已孜求数十年，取得了丰硕的成果，尤其是对于《烧饼歌》、刘基与北京城的关系等进行了深入的分析。

刘基被神化不仅是一个历时很长的课题，还是一个涉及地域甚广的研究课题，不同的地区往往有不尽相同的版本。据韩国延世大学全寅初教授的研究，刘基文集及其著述不但被收在朝鲜王室图书馆奎间阁，还有与刘基相关的三篇小说也收藏在王室图书馆藏书阁和乐善斋文库中。同时，据《岭南民俗志》记载，在今天江原道江陵市郊区旺山面大基里地区有一座叫讲善堂的祠堂，就是供奉刘基的地方。其地名“大基里”“小基里”中的“基”字都是由刘基的名字得来的。与刘基相关的《南溪演谈》《谢氏南征记》和《刘忠烈传》是朝鲜后期（大约18世纪后半期）以纯古韩文写成的，并在韩国民间广为流传。可见，关于刘基神化的研究还有许多问题尚待解决。

文集版本与著作稽考

刘基声名显赫，学贯天人，著作丰富，但附会、讹托刘基的著作尤其多见。在他四十一岁时就有人假托其名为杭州福严寺撰写碑文，这距离刘基到金陵襄助朱元璋尚有近十年的时间，刘基功高名显之后被伪托的情形更不难想见。加之根据《行状》等记载，刘基去世之前曾将天文书交给刘琏，并告诫“勿令后人习也”。这又为后世作伪者提供了可乘之机。

《诚意伯文集》及收录其中的诸集

学界公认的真实无伪的刘基著作，是收录于《诚意伯文集》中的作品。包括以下内容：

1.《郁离子》。根据洪武十九年徐一夔所作《郁离子序》可知，该书是元末刘基弃官而去，“屏居青田山中，发愤著书，此《郁离子》之所以作也”。版本甚多，卷次也几次变动。《百川书志》作十卷，《国史经籍志》作一卷，《四库全书总目》作二卷。今人魏建猷、萧善芗点校上海古籍出版社

1981 年本等。

2.《覆瓿集》。二十四卷。宣德五年（1430）罗汝敬所作的《覆瓿集序》谓：“然则是编也，将以五味之藏，饪斯民于饥顿颠踣者也。”今有宣德刻本存世。

3.《写情集》。四卷。刘基词集。洪武十三年叶蕃《写情集序》云：“《写情集》者，诚意伯括苍刘先生六引三调之清唱、四上九成之至音也。”刘基的“风流文彩英余，阳春白雪雅调，则发泄于长短句也。或愤其言之不听，或郁乎志之弗舒，感四时景物，托风月情怀，皆所以写其忧世拯民之心，故名之曰《写情集》”。《写情集》早期单行刻本今不可见，最早的也见于成化年间戴用、张僖《诚意伯刘先生文集》中，另有景刊宋金元明本词四种附刻本。

4.《犁眉公集》。五卷。宣德五年李时勉《犁眉公集序》云：“《犁眉公集》者，开国功臣诚意伯刘先生既老所著之作，故取此以为号云。”国家图书馆今藏有永乐二年之前的刻本。后有缪荃荪跋。

5.《翊运录》。二卷，刘基之孙刘廌编。成书于永乐年间，集其祖父所得御书、诏诰及行状事实，以为此录。取诰文中“开国翊运”之语为名。同郡王景有序，成化中杨守陈又为之序。嘉靖年间增入袭封诰敕及部议题本、谢恩表等内容。首有刘基表颂五篇，体例颇有不伦。故此书其实主要是有关刘基背景材料的汇编。今存最早的仍见载于成化本《诚意伯刘先生文集》中。

6.《春秋明经》。二卷。对于该书的创作年代，论者颇多分歧，原因即在于《春秋明经》中没有说明何时所作，《诚意伯文集》中也没有涉及它的创作时间的文字，且刘基其他诸集均有他人序跋，而该集并无他人序跋。但朱鸿霖先生则从元代科举程序及内容的变化对其创作年代进行了考察，很具说服力。因为根据《元史·选举志》所载，至正元年（1341）增本经义，改汉、南人第一场《四书》疑为本经疑。又根据《四库全书总目·春秋经疑问对提要》所载的本经疑的特点对《春秋明经》进行了分析。该《提要》载：

> 至正辛巳大科载，复有经疑之条。即《元史·志》所谓变程序之时也。其书以经传之事同辞异者，求其常变，察其详略，以经核传，以传考经，以待举子之问，盖亦比事属辞之遗意。其大旨则专为场屋进取而作，故议论多而义理则疏焉。

据此可知，“经义”字数较“经疑”字数多，“经疑”采取“比事属辞”的方法设问与作答。从字数和体裁两方面看，《春秋明经》诸篇中有明显的经疑体裁。这样，此书的著作年代就不能早于本经也考经疑的年代，即刘基登科八年后的至正辛巳（元年，1341）。因此，《春秋明经》可能作于刘基在元末任儒学副提举期间，朱鸿霖认为："是为儒学生员写成的，具有应试范文集的性质。"笔者认为朱鸿霖教授所论甚是，结论是公允可靠的。今存最早的《春秋明经》刻本为成化本《诚意伯刘先生文集》，虽然其后嘉靖真定府刊本《诚意伯文集》未列《春秋明经》，但自隆庆本《诚意伯文集》开始，《春秋明经》复被列入。

7.《诚意伯文集》。以上刘基诸集的汇辑，版本甚多，卷次各异，书名亦稍有不同，一般题为《诚意伯刘先生文集》《诚意伯刘文成公集》等。主要有成化六年戴用、张僖刻本，正德十四年（1519）林富刻本，嘉靖三十五年（1556）樊献科真定府刻本等。其中成化本、正德本按照《翊运录》《郁离子》《覆瓿集》《犁眉公集》《写情集》《春秋明经》的次序排列。嘉靖本则一改以往以篇名统为全集的做法，变为以文体作为编次标准。此后的隆庆本、雍正本、乾隆本、光绪本等均循嘉靖本体例。《四库全书总目》卷一百六十九载："其诗文杂著凡《郁离子》四卷、《覆瓿集》十卷、《写情集》二卷、《春秋明经》二卷、《犁眉公集》二卷，本各自为书。成化中巡按浙江御史戴鬒等始合为一帙，而冠以基孙廌等所撰《翊运录》，盖以中载诏旨制敕，故列之卷首，然基书究属廌编，用以编入卷数，使此集标基之名，而开卷乃他人之书，殊乖体例，今移缀是录于末简，以正其伪，余十九卷则悉仍戴本之原次，以存其旧。”

以上均为公认的刘基之作或与刘基相关的著作。

署名刘基的其他著作略考

除了《诚意伯文集》之外，还有很多署名刘基但真伪难辨的作品，其中尤以天文术数类居多。以下列述诸作，稍做辨析。

1.《清类天文分野之书》。今存。据《明实录》《明史》记载该书成于洪武十七年，而刘基则卒于洪武八年。该书为奉敕修撰，且是集体所作。由于天文历法为太史院所司之职，刘基曾任太史令，其中可能包含着刘基的某些思想。

2.《玉尺经解》。今存有《镌地理参补评林图诀全备平沙玉尺经》《新刻石函平砂玉尺经全书》等。题刘秉忠撰，刘基解。四库馆臣认为该书为伪托，并有这样的分析：“基注中有贵州北界之语。贵州在元季为顺元宣慰司，明初改贵州宣慰司，永乐间始置贵州布政司，基当太祖时，何由与广东、云南并称？是注之伪托亦不问可知。”

3.《灵城精义注》。今有文渊阁四库全书本。然该书亦可能是伪作，四库馆臣根据该书前面所列的引用书目中有《八式歌》之类明中叶以后的伪书，判断该书亦为赝作无疑。

4.《灵棋经注》。今存。四库馆臣对是否为刘基所注尚有一些疑问，谓："青田一注，独为驯雅，或实基所自作，亦未可知。观其词简义精，诚异乎世之生克制化以为术者矣。"其实，在诸种天文术数类著作中，《灵棋经注》可能是为数极少的刘基所撰的作品。今《诚意伯文集》中收有《灵棋经解序》，该序与丛书集成初编本《灵棋经解》前的序文一字不爽。由此可见，此书当为刘基所注。今有明成化、正德、万历等刻本存世。高寿仙先生认为该书属于杂占之一种。刘基对其作注的原因，除了刘基在《灵棋经解序》中所说的"灵棋，象易而作也。易道奥而难知，故作灵棋以象之。灵棋之象，虽不足以尽易之蕴，然非精于易者，又焉能为灵棋之辞也哉"，也就是说灵棋与易道相通，因此就有作注的必要。另外，还有刘基"每喜其占之验，而病解之者不识作者之旨，而以世之卜师之语配之，故为申其意而为之言"，即对以前的注解不满。同时，高占仙先生还认为《灵棋经》与兵法有关："相传张良得到《灵棋经》，'行师用兵，万不失一'。刘基既喜术数，又好后法，其对此书深感兴趣，笃信深研，实属自然。"

5.《一粒粟》。《千顷堂书目》以及《明史·艺文志》都载有"刘基作一粒粟一卷"。笔者曾在国家图书馆善本特藏部查阅此书。题署为："大唐国师汉北救贫仙人杨筠松长茂口诀，元末口仙谭宽仲简秘传，大明国师括苍诚意伯刘基伯温注述，华阳逸叟王廷玉图形、王乳泉辑释。”全书中注述文字极少，不能视为刘基的作品。

6.《天文秘略》。四库馆臣对该书有这样的分析评价：“旧本题新安胡氏撰，不著名字。其书杂采占候之说，而附以步天歌所陈测验，大抵牵引傅（附）会，纯驳溷淆，不出术士之技。前有刘基序，当为元末明初人。然词旨肤浅，基集亦不载，殆妄人所依托也。”今有清隐山房丛书本、胡献忠刻本、民国关六笙影抄明写本等。

7.《披肝露胆》。四库馆臣亦有评价，谓：“观书中所分《龙诀》《穴情》两篇，大半剽掇《撼龙》《葬法》诸书，《砂诀》《水诀》歌亦皆浅俗。如‘笔架科石应有分，满床牙笏世为官’等句，基必不若是之陋。后附南北平阳论数条，则李国木杂取他家之书附入者，尤为拿陋，殆嫁名于基者也。”虽然所谓“卑陋之语不为刘基所云”似可商榷，但刘基必不剽掇他书当为允论。今有《地理大全》丛书（一集）本等存。

8.《白猿经风雨占候》。《明史·艺文志》载有《白猿经》，疑即此书。今四库存目丛书有辽宁图书馆藏彩绘钞本《白猿风雨图》，亦题为刘基注，即为此书。四库馆臣《白猿经风雨占候》提要云：“是书前有洪武四年基自序……注文及序均浅陋，亦决非基作。”这一判断甚确。清人钱曾说过“《白猿经》一卷，此伪书也，不必存之”。

9.《佐元直指图解》。《四库存目丛书》以中国科学院图书馆藏清刻《阴阳五要奇书》影印，题刘基撰，汪元标订、江之栋辑。该书有多种版本存世。论者认为该书为刘基所作的根据主要是有署名刘基的《佐元直指赋》，但该赋并不载于《诚意伯文集》之中，同时，其赋有这样漏洞百出的落款：“洪武壬午岁九月吉日奉命征南进爵封诚意伯器之子刘基书于云阳行橐”。其他的姑且不论，仅就时间而言，洪武无壬午岁，即可看出这是粗陋的赝作。上海图书馆藏《选择丛书集要》五种，江之栋辑，明崇祯五年尚白斋刻本，亦收有此书。

10.《演禽图说》。《四库全书总目》载录为“旧本题明刘基撰”，但也对其真实性存疑，谓：“亦近代所依托也。”原书今未见。

11.《多能鄙事》。《百川书志》《千顷堂书目》等均载其为“括苍诚意伯刘基类编”。何镗《重刻诚意伯刘公文集序》云：“先生所编又有《多能鄙事》若干卷，方行人间。”今四库存目丛书据上海图书馆藏明嘉靖范刻本影印。但四库馆臣对其真实性提出了质疑，谓其“体近琐碎，若小儿四季关、百日关这类俱见胪列，殊失雅驯。立名取孔子之言，亦属僭妄，殆托名于基者也”。但这样的判断理由明显不足。

从刘基的诗文可以看出，他对百姓日用之事十分了解。刘基出生地是南田武阳村，这是一个狭小的山间村落，因此，幼时的刘基对民间百姓生活有真切的了解。加之，该书乃刘基“类编”而成，因此，不能以“殊失雅驯”作为判断真伪的理由。

12.《国初礼贤录》。《千顷堂书目》载为《刘基礼贤录》，但四库馆臣认为这不是刘基所撰，理由十分充分：“此书《艺文志》《千顷堂书目》皆作基撰，然录中所载，即明太祖任用基及叶琛、章溢、宋濂四人事，且有‘基驰驿归里，居家一月而薨’之文，则非基所作审矣。”该书现存于多种丛书之中，如《四库存目丛书》以甘肃省图书馆藏明嘉靖吴郡袁氏嘉趣堂刻本影印，国家图书馆藏明万历丁巳陈氏刻《纪录汇编》本，等等。

13.《百战奇略》。该书非刘基所著，张文才等已考证，理由充分，不宜以此作为研究刘基军事思想的基本资料。

14.《火龙经》。该书有多种版本，内容也不尽相同，其中题为《火龙神器阵法》的书题作“青田先生遗书”，卷首载有刘基《火龙神器阵法授受序》，其中有云：“予少窃读儒书，精研将略，退而思乐颜孟之道，思建侯王之封”，又云：“予获仙授后佐太祖龙兴江左、东征西讨，六合一统，所恃者是书之一二耳。”这显然不是刘基所作。根据序中的内容不难看出，这是模仿刘基辅佐朱元璋成就统一大业之后而作，但文中的语气显然不合刘基的性格。明王朝建立不久，刘基即归隐南田，口不言功，绝不可能有“精研将略”以及辅佐朱元璋“龙兴江左，东征西讨，六合一统”之辞，因此，该书极有可能不是刘基所撰。

15.《神机致理兵法心要》。一题为《刘伯温先生重纂诸葛忠武侯后法心要》。版本甚多，笔者在国家图书馆见到一种旧抄本，五卷。在卷之二木集《决胜篇》中见有这样的记载：“余尝学武，阅五十余家兵书，负笈寻师，皆不得其妙耳。是天历年中，至庐山中，得遇抱一子受此文，秘密其诀，钳口结舌，不敢辄言。”元天历年间（1328～1330）刘基时值十八至二十岁，这时正在括城读书，当时得闻紫虚山水之佳，曾与朋友一起游览，并即兴赋诗。如有庐山之行，必当即景赋诗，但《诚意伯文集》中并无吟诵庐山的作品，刘基此时到庐山几无可能。同时，迄今所见多为抄本，而最早有明确印刷年代的是清咸丰三年（1853）麟桂活字本，即“水陆攻守战略秘书七种”本，与另一部署名刘基的伪作《百战奇略》同出一源。因此，我们认为此书极有可能不是刘基所作。

16.《金弹子》。《千顷堂书目》载其为刘基撰。今有清刻本存。首有署名刘基撰《金弹子序》，其中有云：“予得天书三册于耶律楚材，从学阴阳五行于伦伶逸叟，潜心遁志，穷究造化之机关；审问明辨，精研理气之枢纽，翼翼小心，兀兀穷年，不求声闻之不著，乃惮学识之不充……”从序中可以看出，刘基得书于耶律楚材，显然与史实不合。同时，自谓“潜心遁志，穷究造化之机关；审问明辨，精研理气之枢纽”，不无自伐之嫌，与刘基性格颇为不合。更何况序文落款是：“明太师文成诚意伯青田刘伯温基撰”，显然系他人称述刘基的口吻。《金弹子》非刘基所撰明矣。

17.《观象玩占》。《明史·艺文志》曰：“不知撰人，或云刘基辑。”洪武十三年吴从善撰《故参政刘君孟藻哀辞序》云：“（洪武）九年冬十月，皇帝上缅元象，慨钦天之失职，命御史赍诏谓孟藻（刘琏），令上其父所著《观象玩占》等书，及天文诸家言。孟藻已縢藏石室，悉取送官。”但《千顷堂书目》则载：“十卷，不知撰人，一本四十九卷。”《四库全书总目》则著录为五十卷，唐李淳风撰。南京图书馆藏五十卷本。旧本题唐李淳风撰，另有四十九卷本、八卷本、十卷本，其中八卷本、十卷本或为《明史·艺文志》所谓刘基辑本。

18.《新镌烟波钓徒奇门定局》。有万历本、民国石印本存。亦为伪作。

19.《滴天髓》。京图撰，刘基注。《千顷堂书目》《明史·艺文志》作《三命奇谈滴天髓》，有《百二汉镜斋秘书四种》、文选楼丛书本存世。疑为伪托。

除此，一些署名刘基的著作除了收录于《诚意伯文集》之外的，鲜有真正为刘基所撰的作品。刘基为作伪者所钟，是因为其博识与卓荦，但研究刘基，所用材料必当审慎为之。

附录

年　谱

元至大四年（1311）　六月十五日出生于江浙行省处州府青田县南田武阳村。

泰定元年（1324）　黄伯生《行状》："年十四，入郡庠，从师受《春秋经》。""凡天文兵法诸书，过目洞识其要。讲理性于复初郑先生，闻濂洛心法，即得其旨归。"

泰定五年（1328）　在石门书院读书。

至顺三年（1332）　与同邑叶岘、徐祖德一起中举，列第十四名。

至顺四年（1333）　中第二十六名进士，汉人、南人第三甲第二十名。叶岘、徐祖德一并得中。会试时作《龙虎台赋》。

至元二年（1336）　赴江西，任瑞州高安县丞。与李煌、郑希道、黄伯善兄弟交谊甚笃。

至元五年（1339）　辟为江西行省职官掾史。

至元六年（1340）　仍为职官掾史，已而投劾去，隐居力学。

至正六年（1346） 赴京，作《丙戌岁赴京师途中送徐明德归镇江》，长诗《北上感怀》约作于此时。

至正八年（1348） 任江浙行省儒学副提举、行省考试官。长子刘琏生。方国珍起海上。

至正九年（1349） 建言监察御史失职事，为台宪所沮，遂移文决去。

至正十年（1350） 寓居杭州。次子刘璟生。

至正十一年（1351） 寓居杭州。红巾军大起义爆发。年底，徐寿辉东进，遂离杭州归里。作《沙班子中兴义塾诗序》《送海宁张知州满任去官序》《送月忽难明德江浙府总管去官序》及《杭州富阳县重修文庙学宫记》《辛卯仲冬雨中作二首》等。

至正十二年（1352） 自南田返杭，任浙东元帅府都事。又自杭赴浙东，在台州一带参与军机。三月，台州路达鲁花赤泰不华与方国珍战于澄江，阵亡。作《吊泰不华元帅赋》。七月，徐寿辉克杭州。八月，方国珍攻台州，未克。

至正十三年（1353） 年初在杭州，任行省都事。十月，因对方国珍的策略与朝廷相左，被羁管于绍兴。张士诚起兵高邮，称诚王，国号大周，建元天祐。

至正十四年至十五年（1354～1355） 仍羁管于绍兴，广游山水，诗文甚多。京畿大饥，人相食。刘福通等立韩林儿为帝，号小明王，建都亳州，国号宋，改元龙凤。

至正十六年（1356） 复为行省都事，自募义兵，招捕吴成七义军。朱元璋下集庆，改称应天府。徐寿辉迁都汉阳。张士诚下平江，改称隆平府，为国都。朱元璋为吴国公。

至正十七年（1357） 任行省枢密院经历，与枢密院判官石末宜孙等同守处州，赋诗酬唱，赠答甚多。

至正十八年（1358） 任行省郎中。经略使李谷凤巡抚江南诸道，采守臣功绩上奏朝廷，执政袒佑方国珍，置刘基军功不录，遂愤而辞官归里。刘福通率部克汴梁，迎韩林儿入居，定为国都。朱元璋率军拔婺州改称宁越府。

至正十九年（1359） 隐居故里，著《郁离子》。胡大海、耿再成合兵攻处州，石末宜孙败走。

至正二十年（1360） 朱元璋遣孙炎固邀，与宋濂、章溢、叶琛赴金陵，陈时务十八策，佐命军中。陈友谅东下，应天大震，众将无措，刘基力主抗击，献策数条，朱元璋采纳。陈友谅战败。石末宜孙战死。

至正二十二年（1362） 助朱元璋受陈友谅部将胡廷瑞降，得龙兴，改称洪都府。回乡葬母，协助平定金华、处州苗军之乱。

至正二十三年（1363） 自南田返应天，途中协助李文忠击退张士诚军。张士诚围安丰，刘福通请兵救援。刘基力阻未果，朱元璋率军驰援，援军未至，安丰城已破，刘福通被杀。陈友谅统军东下，围洪都。朱元璋率军与陈友谅大战于鄱阳湖，刘基与朱元璋同舟督战。陈友谅中矢死。

至正二十四年（1364） 辅佐朱元璋取张士诚，定中原。陈友谅子陈理降。朱元璋自立为吴王。

至正二十六年（1366） 卜地定作新宫。小明王沉江身亡。

至正二十七年（1367） 任太史令，授御史中丞。与李善长等共同议定律令。上《戊申大统历》。新宫筑成。吴亡。方国珍降。徐达等北上，下山东诸郡。

明洪武元年（1368） 朱元璋称帝，国号大明，建元洪武。刘基任太史院使、资善大夫、御史中丞。朱元璋赴汴梁，刘基与李善长居守。斩李彬，忤李善长。朱元璋问生息之道，刘基对曰："生民之道，在于宽仁。"朱元璋定处州税粮，特命青田县粮止五合起科，曰："令伯温乡里世世为美谈也。"赐《御史中丞诰》。徐达等入大都，改称北平府。

洪武二年（1369） 宋濂等修《元史》，同年修成。朱元璋以临濠为中都，群臣称善，唯刘基曰：“凤阳虽帝乡，非建都地也。”常遇春克开平，元顺帝奔和林，常遇春卒。

洪武三年（1370） 兼弘文馆学士，封开国翊运守正文臣、资善大夫、护军、诚意伯。朱元璋颁《诚意伯诰》。

洪武四年（1371） 致仕归里。朱元璋手书问天象，刘基悉条答，大要言：“今国威已立，宜以宽。”李善长罢，以汪广洋为右丞，胡惟庸为左丞。

洪武五年（1372） 屏居南田。建言设谈洋巡检司。徐达为征虏大将军，征扩廓帖木儿，徐达败绩。

洪武六年年（1373） 因谈洋事遭胡惟庸、吴云沐构陷，朱元璋夺刘基禄，入京谢罪，不敢归。颁《大明律》。

洪武七年（1374） 留京师，病衰。李文忠、蓝玉大败北元军。

洪武八年（1375） 居京病笃，归里而卒，死因成谜。享年六十五岁。

参考书目

1. 刘德隅:《明刘伯温公生平事迹拾遗》，台北，自印本，1976年。

2. 郝兆矩、刘文锋:《刘伯温全传》，大连出版社，1994年。

3. 陈学霖:《刘伯温与哪吒城》，台北东大图书公司，1996年。

4. 周群:《刘基评传》，南京大学出版社，1995年。

5. 吕立汉:《刘基考论》，中州古籍出版社，2000年。

6. 杨讷:《刘基事迹考述》，北京图书馆出版社，2004年。

7. 周松芳:《自负一代文宗：刘基研究》，广东人民出版社，2006年。